MARX, ENGELS
Y la Condición Humana

Una visión desde Latinoamérica

MARX, ENGELS
Y la Condición Humana

Una visión desde Latinoamérica

———————————————

ARMANDO HART DÁVALOS

Editado por Eloisa Carreras Varona y Javier Salado

Ocean Press
Melbourne ▪ Nueva York ▪ La Habana
www.oceanbooks.com.au

ISBN 978-1-920888-20-9
Library of Congress Control Number: 2005921481

Publicado por Ocean Press
Australia: GPO Box 3279, Melbourne, Victoria 3001, Australia
                 Fax: (61-3) 9329 5040 Tel: (61-3) 9326 4280
                 E-mail: info@oceanbooks.com.au
EE.UU: PO Box 1186, Old Chelsea Stn., New York, NY 10113-1186, USA
Cuba: Calle 7, No. 33610, Tarará, La Habana
                 E-mail: oceanhav@enet.cu

Distribuidores de Ocean Press
EE.UU y Canadá: **Consortium Book Sales and Distribution**
                 Tel: 1-800-283-3572   www.cbsd.com
Gran Bretaña y Europa: **Pluto Books**
                 E-mail: pluto@plutobooks.com
Australia y Nueva Zelanda: **Palgrave Macmillan**
                 E-mail: customer.service@macmillan.com.au
Cuba y América Latina: **Ocean Press**
                 E-mail: oceanhav@enet.cu

info@oceanbooks.com.au
www.oceanbooks.com.au

Índice

Ante la tumba de Carlos Marx

El 14 de marzo, a las tres menos cuarto de la tarde, dejó de pensar el más grande pensador de nuestros días. Apenas lo dejamos dos minutos solo, y cuando volvimos, lo encontramos dormido suavemente en su sillón, pero para siempre.

Es de todo punto imposible calcular lo que el proletariado militante de Europa y América y la ciencia histórica han perdido con este hombre. Muy pronto se dejará sentir el vacío que ha abierto la muerte de esta figura gigantesca.

Así como Darwin descubrió la ley del desarrollo de la naturaleza orgánica, Marx descubrió la ley del desarrollo de la historia humana: el hecho, tan sencillo, pero oculto hasta él bajo la maleza ideológica, de que el hombre necesita en primer lugar, comer, beber, tener un techo y vestirse antes de poder hacer política, ciencia, arte, religión, etc.; que, por tanto, la producción de los medios de vida inmediatos, materiales, y por consiguiente, la correspondiente fase económica de desarrollo de un pueblo o de una época es la base a partir de la cual se han desarrollado las instituciones políticas, las concepciones jurídicas, las ideas artísticas e incluso las ideas religiosas de los hombres y con arreglo a la cual deben, por tanto, explicarse, y no al revés, como hasta entonces se había venido haciendo.

Pero no es esto sólo. Marx descubrió también la ley específica que mueve el actual modo de producción capitalista y la sociedad burguesa creada por él. El descubrimiento de la plusvalía iluminó de pronto estos problemas, mientras que todas las investigaciones anteriores, tanto de los economistas burgueses como la de los críticos socialistas, habían vagado en las tinieblas.

Dos descubrimientos como éstos debían bastar para una vida. Quien tenga la suerte de hacer tan sólo un descubrimiento así, ya puede considerarse feliz. Pero no hubo un solo campo que Marx no sometiera a la investigación —y estos campos fueron muchos no se limitó a tocar de pasada ni uno solo—, incluyendo las matemáticas, en que no hiciese descubrimientos originales.

Tal era el hombre de ciencia. Pero esto no era, ni con mucho, la mitad del hombre. Para Marx, la ciencia era una fuerza histórica motriz, una fuerza revolucionaria. Por puro que fuera el goce que pudiera depararle un nuevo descubrimiento hecho en cualquier ciencia teórica y cuya aplicación práctica tal vez no podía preverse aún en modo alguno, era muy otro el goce que experimentaba cuando se trataba de un descubrimiento que ejercía inmediatamente una influencia revolucionadora en la industria y en el desarrollo histórico en general. Por eso seguía al detalle la marcha de los descubrimientos realizados en el campo de la electricidad, hasta lo de Marcel Deprez en los últimos tiempos.

Pues Marx era, ante todo, un revolucionario. Cooperar, de este o del otro modo, al derrocamiento de la sociedad capitalista y de las instituciones políticas creadas por ella, contribuir a la emancipación del proletariado moderno, a quien él había infundido por primera vez la conciencia de su propia situación y de sus necesidades, la conciencia de las condiciones de su emancipación: tal era la verdadera misión de su vida. La lucha era su elemento. Y luchó con una pasión, una tenacidad y un éxito como pocos. Primera *Rheinische Zeitung*, 1842; *Vorwärts* de París 1844; *Deutsche-Brüsseler-Zeitung*, 1847; *Neve Rheinische Zeitung*, 1848-1849; *New York Daily Tribune*, 1852-1861, a todo lo cual hay que añadir un montón de folletos de lucha, y el trabajo en las organizaciones de París, Bruselas y Londres, hasta que, por último, nació como remate de todo, la gran Asociación Internacional de los Trabajadores, que era, en verdad, una obra de la que su autor podía estar orgulloso, aunque no hubiese creado ninguna otra cosa.

Por eso, Marx era el hombre más odiado y más calumniado de su tiempo. Los gobiernos, lo mismo los absolutistas que los republicanos, le expulsaban. Los burgueses, los mismo los conservadores que los ultrademócratas, competían a lanzar difamaciones contra él. Marx apartaba todo eso a un lado como si fueran telas de araña, no hacía caso de ello; sólo contestaba cuando la necesidad imperiosa lo exigía. Y ha muerto venerado, querido, llorado por millones de obreros de la causa revolucionaria, como él, diseminados por toda Europa y América, desde las minas de Siberia hasta California. Y puedo atreverme a decir que si pudo tener muchos adversarios, apenas tuvo un solo enemigo personal.

Su nombre vivirá a través de los siglos, y con él su obra.

Federico Engels
Discurso pronunciado el 17 de marzo de 1883,
ante la tumba de Carlos Marx

Recuerdos de mi padre

Mis amigos austriacos me piden que les envíe algunos recuerdos de mi padre. No podían haberme pedido nada más difícil [...] Muchas historias se han contado sobre Karl Marx [...] Pero después de todo, para los que conocieron a Karl Marx ninguna leyenda es más divertida que esa muy difundida que lo pinta como un hombre moroso, amargado, inflexible, inabordable, una especie de Júpiter Tonante, lanzando siempre truenos, incapaz de una sonrisa, aposentado, indiferente y solitario en el Olimpo. Este retrato del ser más alegre y jubiloso que haya existido, cuya cálida risa era contagiosa e irresistible, del más bondadoso, gentil, generoso de los compañeros es algo que no deja de sorprender —y divertir— a quienes lo conocieron.

En su vida hogareña, lo mismo que en las relaciones con sus amigos e inclusive con los simples conocidos, creo que podía afirmarse que las principales características de Karl Marx fueron su perdurable humor y su generosidad sin límites. Su bondad y su paciencia eran verdaderamente sublimes [...]

Pero era en su relación con los niños donde Marx era quizás más encantador. No había compañero de juegos más agradable para los niños [...]

El amargado Júpiter Tonante no pasa de ser una ficción de la imaginación burguesa. Y, si en los años de lucha hubo muchas desilusiones, si tropezaron con una extraña ingratitud, tuvieron lo que pocos poseen: verdaderos amigos. Donde se conoce el nombre de Marx se conoce también el de Federico Engels [...]

Para los que estudian la naturaleza humana no parecerá extraño que Marx, que era tan gran luchador, fuera al mismo tiempo el más bondadoso y gentil de los hombres. Entenderán que solo podía odiar tan ferozmente porque era capaz de amar con esa profundidad; que si su afilada pluma podía encerrar a un alma en el infierno como el propio Dante era porque se trataba de un hombre leal y tierno; que si su humor sarcástico podía atacar como un ácido corrosivo, ese mismo humor podía ser un bálsamo para los preocupados y afligidos.

Eleanor Marx-Aveling

Los caminos que señalara Marx

Esta revolución, en caso de ser marxista... sería porque descubrió también, por sus métodos, los caminos que señalara Marx.

Ernesto Che Guevara

Palabras ante Congreso Juvenil Internacional, julio 1960

Nota de la compiladora

Desde sus orígenes nuestra historia ha estado marcada por una singular relación entre política y cultura; las ideas cubanas continuarán haciendo su aporte a las exigencias más inmediatas de la nación en relación con los temas de actualidad tanto nacional como internacionalmente, si nos seguimos apoyando en la fuerza y originalidad de ese inagotable pensamiento; este libro desde su concepción misma pretendió ser una contribución en esa dirección. Su existencia se debe a los amigos Javier y David, de la editorial Ocean Press, quienes subrayaron la necesidad e importancia de publicar cuanto antes fuese posible una compilación con los trabajos del autor sobre el tema.

Por más de 50 años la vida de Armando Hart ha estado caracterizada por una intensa pasión revolucionaria; él ha dedicado cada instante de su existencia no sólo a luchar con lealtad y consagración por la causa de la libertad junto a nuestro pueblo, sino que ha contribuido al rescate de la memoria histórica recreándola teóricamente; porque ha sido siempre un soldado de la intelectualidad cubana dedicado a la búsqueda y el enriquecimiento constructivo del pensamiento teórico revolucionario. Figuras como Carlos Marx y Federico Engels y la cosmovisión que ellos representan, aparecen en sus *reflexiones e interrogaciones* a lo largo de toda su obra, en *propuestas dispersas en notas, discursos, artículos, folletos, colaboraciones, libros, proyectos...,* *convertidas en una valiosa fuente teórica enriquecida por la experiencia cubana.*

Los materiales que integran la presente recopilación, constituyen una muestra de la recepción y actualización que hizo el autor de las ideas de Marx y Engels a partir de la tradición revolucionaria cubana, tras los difíciles momentos del derrumbe del campo socialista en Europa Oriental y la Unión Soviética, hasta la actualidad. Incluyo también por su importancia y relación con el tema, la carta que el Comandante Che Guevara le envió el 4 de diciembre de 1965.

Los trabajos han sido ordenados en dos grupos temáticos. El primero contiene los referidos a la defensa de la contemporaneidad de la teoría de Marx, Engels y Lenin; la ética en la vida y obra de los clásicos de la filosofía marxista; y el examen de las causas de la crisis del socialismo en Europa Oriental y la URSS. El segundo abarca los dedicados a las particularidades de la historia de nuestra patria y la evolución del pensamiento cubano, así como la muy original recepción de las ideas socialistas que aquí se hizo; incluye también algunos textos sobre la interpretación de la filosofía de la práctica por la Revolución cubana y los desafíos de América Latina en el siglo XXI. El tono oratorio de una buena parte de los mismos se debe a que son transcripciones de improvisaciones del autor ante una coyuntura política determinada.

Todos los textos aquí publicados, forman parte de la colección personal de Armando Hart, en ese sentido quiero una vez más agradecer a Graciela Rodríguez (Chela), porque los guardó celosamente, y por ello podemos contar hoy con una bibliografía activa del autor casi exhaustiva. Asimismo deseo agradecer a Jorge Lozano, por sus oportunas contribuiciones; a Enrique Suárez, Ernesto Sotolongo, Ileana y Tony, Dallamis y Rafa por su colaboración y complicidad; a mi familia, a los compañeros de seguridad personal, a los médicos y maestras de nuestras hijitas, por el amor y el cuidado que les han brindado, cuando les hemos quitado su tiempo para dedicarlo a este y otros trabajos.

Muy especialmente le doy gracias a Armando, por su confianza al permitirme hurgar, ordenar y recomponer sus sagradas memorias con total libertad.

Eloisa Carreras Varona

La vitalidad del pensamiento radical latinoamericano

Por Néstor Kohan

Este es un libro juvenil. Su autor es un joven y el público lector al que va dirigido es la juventud. En primer lugar, la cubana. Pero también la juventud latinoamericana, la norteamericana y, aunque resulte prematuro y quizás ambicioso, la juventud mundial. La de ese "movimiento de movimientos" que hoy reclama *Otro mundo posible*, rechazando la globalización capitalista de los mercados y la imposición avasallante de una cultura autoritaria: el *american way of life*. Un mundo posible y necesario. Un mundo mejor. Armando Hart piensa que ese mundo mejor es —o debe ser— el socialismo. Y tiene razón.

Es el libro de un joven por la frescura y la amplitud de sus ideas, por la pasión y el entusiasmo con que aborda los problemas, por la ausencia de reverencias que pone en práctica frente a "las autoridades" otrora tradicionales de la teoría y frente a los dogmas cristalizados que obstaculizaron el sueño revolucionario de las generaciones precedentes.

Sólo a partir de su energía y su entusiasmo juvenil el autor pudo animarse a incomodar los cánones trillados y los lugares comunes que tanto han retrasado al pensamiento de la rebelión, a la teoría de la revolución, a la práctica política de la transformación radical y al proyecto socialista en América Latina y en el mundo. Pero se trata de un joven muy especial. Uno que no hace tabla rasa con el pasado porque sabe en carne propia lo imprescindible de la continuidad histórica y de la transmisión de experiencias acumuladas por las generaciones de revolucionarios que nos antecedieron. A pesar de ese espíritu juvenil, el autor de este libro cuenta en sus espaldas con la experiencia de casi medio siglo de participación en luchas políticas contra el imperialismo y el capitalismo, por la liberación nacional y el socialismo latinoamericano.

Los textos que el volumen reúne conjugan, entonces, la necesaria búsqueda de una nueva manera de abordar los problemas con la experiencia acumulada a lo largo de tanto tiempo. Marca continuidades y establece rupturas, reivindica la tradición revolucionaria, pero con balance crítico.

Si a comienzos del siglo XX ser de vanguardia implicaba romper con toda tradición y todo pasado, hoy en América Latina, después de los genocidios represivos y el aluvión neoliberal que se propuso barrer toda identidad que no se subordinara al debe y el haber mercantil, ser de vanguardia implica recuperar y recrear la tradición. Pero hay que recuperarla de manera lúcida. *Con beneficio de inventario*, nos sugiere Armando Hart, y eso es lo que intenta hacer.

Redactado con una prosa ágil y elegante, el volumen elude los tics de aquellas jergas académicas que confunden lenguaje críptico y ensimismado con profundidad del pensamiento.

Paso a paso, en una especie de extendido diálogo socrático —no casualmente muchos capítulos nacieron como intervenciones orales—, el autor nos va conduciendo por los problemas fundamentales de la teoría y la práctica del socialismo.

La estructura argumentativa conforma una línea bien definida. Hart comienza por el presente, fundamentando su actual identidad política socialista y relatando las fuentes que a ella lo condujeron, como punto de llegada de toda una acumulación cultural previa, cubana y latinoamericana. De manera harto elocuente y expresiva, sintetiza la génesis de su conciencia política socialista afirmando sencillamente que: *Para mí todo empezó como una cuestión de carácter moral.* Recién después de leer el libro completo, el lector podrá evaluar el enorme peso teórico que adquiere en la obra esa especie de confesión inicial.

Luego de explicitar el punto de partida político, el autor retrocede cronológicamente hacia el pasado. Allí describe los graves problemas políticos que atravesaron al socialismo durante el siglo XX. Seguidamente, intenta elaborar un diagnóstico de las razones teóricas y filosóficas que generaron esas dificultades. A continuación propone una posible lectura alternativa del pensamiento marxista para superar la crisis de los antiguos dogmas y finalmente invita al lector a discutir y reflexionar sobre las coordenadas específicas de nuestra América en la actualidad, sin las cuales todo lo anterior se convertiría en un planteo meramente abstracto y falsamente universalista.

En ese viaje del pensamiento que estructura el orden lógico de los diversos ensayos agrupados en el texto, Armando Hart va abordando una doble tarea. Realiza un impostergable balance crítico del pasado pero no se queda girando sobre lo que ya sucedió. Al mismo tiempo, elabora un tipo de interrogación sobre el pensamiento del marxismo —donde se pregunta por la función de la cultura, de la ética y de la subjetividad en la concepción materialista de la historia— con la mirada puesta en el horizonte presente y futuro.

Esos nuevos planteos sobre Marx y Engels y la lectura sobre la cultura, los valores y la ética que aquí nos propone Hart, aunque originales, tampoco son creaciones *ex nihilo*. Se nutren de toda una tradición anterior de pensamiento radical latinoamericano en la que él se formó a comienzos de los años '50 en la Colina Universitaria, junto con Fidel y el resto de la generación del Centenario que integró el Movimiento 26 de julio. (Para conocer más en detalle ese proceso de formación inicial sugerimos al lector o la lectora que consulten *Aldabonazo*, imprescindible obra del mismo autor que complementa el presente volumen con las experiencias políticas de la juventud cubana que protagonizó la lucha revolucionaria durante toda la década del '50. Allí están las fuentes políticas originarias de lo que este libro teórico sistematiza en el plano filosófico).

Esa tradición previa de pensamiento radical nacido de lo más profundo de nuestra América tiene en José Martí, obviamente, al gran iniciador. Pero se equivocan los que reducen su fuente únicamente a Martí. Junto a él también están Rodó, Darío, Ingenieros y el joven Vasconcelos; Mella, Martínez Villena, Raúl Roa y Antonio Guiteras; Recabarren, Sandino, Farabundo Martí, Ponce, Deodoro Roca y Mariátegui, entre muchísimos otros.

Toda una constelación de pensamiento radical latinoamericano, crecida inicialmente a partir del modernismo, que en algún libro hemos denominado "hermandad de Ariel", apelando a la obra crítica del imperialismo norteamericano del uruguayo Rodó, pero que bien podría llamarse de otra forma (pues, por ejemplo Mariátegui, no compartía algunos criterios de Rodó). No importa tanto la denominación sino más bien la identificación y el reconocimiento de la existencia de esa corriente de la cual el pensamiento filosófico de Armando Hart Dávalos resulta indudablemente continuador y deudor.

Creemos no equivocarnos al afirmar que este libro constituye una clara expresión de la vitalidad teórica de esa corriente que siempre se opuso al imperialismo norteamericano y al capitalismo no sólo en el terreno económico —denunciando la explotación del hombre por el hombre y el saqueo de nuestro continente— sino también en el ámbito de la cultura —criticando la enajenación que subordina los valores éticos y espirituales al mercado—. La gran mayoría de sus representantes oponen, frente a la "civilización" del dólar yanqui, el porvenir rebelde de la cultura y la unidad latinoamericana. (¿Acaso la teoría de la dependencia y la teología de la liberación —ambas creaciones originales de nuestra América— no son herederas de ese doble interés de esta vertiente por la economía y la espiritualidad, por la crítica de la explotación y de la alineación?).

Dando cuenta de la vitalidad de esa tradición, permítasenos por un momento apelar a la imaginación histórica. ¿Cómo no asociar el papel de José Ingenieros —no el positivista o el sarmientino, hoy olvidable, sino el antiimperialista— en su encuentro con los jóvenes Julio Antonio Mella, Rubén Martínez Villena y Gustavo Aldereguía o su relación con diversos estudiantes militantes latinoamericanos de la Reforma Universitaria de los años '20 que lo adoptaban como "maestro de juventud" con la función que hoy juega en Cuba y en otros países de nuestra América Armando Hart frente a las nuevas generaciones de militantes estudiantiles, educadores, intelectuales, escritores y artistas comprometidos?

Salvando las distancias históricas, podemos verificar la continuidad de un pensamiento latinoamericano radical y antiimperialista. Un hilo rojo que une la producción de aquellos destacados protagonistas de la década del '20 con el actual pensamiento filosófico de Hart. Pero con una notable ventaja a favor de este último.

Mientras Ingenieros predicaba sobre "las fuerzas morales" e increpaba al "hombre mediocre" del capitalismo defendiendo "los tiempos nuevos" inaugurados por la imagen lejana de la revolución bolchevique; mientras Mella, Ponce o Mariátegui soñaban con concretar en nuestro suelo irredento el gran proyecto humanista y emancipador que allá lejos realizaban Lenin y sus amigos; hoy Armando Hart dialoga, piensa y escribe desde una revolución triunfante en nuestra América, que habla nuestro idioma y difunde nuestra cultura. Un proceso político que logra la independencia nacional —tarea que nunca pudieron viabilizar los exponentes cubanos de una inexistente, según el autor, *burguesía nacional*— vinculando las luchas antiimperialistas, democráticas y populares con las tareas específicamente socialistas. Una revolución que aunque no tiene el poderío militar o económico de EEUU goza de una tremenda superioridad moral frente a la gran potencia del mundo. Esta revolución socialista ya no es, como en 1925, cuando se encontraron a conversar en el puerto de La Habana José Ingenieros y Julio Antonio Mella, un sueño difuso y lejano. Hermoso, contagioso y combativo, pero por entonces todavía lejano. Hoy la situación es distinta.

Por eso Armando Hart, nieto y heredero legítimo de esa hermandad de Ariel (o familia martiana o tradición bolivariana o como quiera llamársela), continuador actual del pensamiento radical latinoamericano, puede avanzar con paso seguro sobre el terreno abonado por casi 50 años de experiencias revolucionarias continentales de las que él ha sido protagonista directo.

Mientras insiste una y otra vez con que la resistencia frente a la actual globalización capitalista y la hegemonía que sobre ella imprime el imperialismo norteamericano tiene que sustentarse en las raíces culturales propias, enjuicia duramente los dogmas que petrificaron la teoría del marxismo y le quitaron fuerza moral. La fortaleza moral que todavía tenía en tiempos de Mella y de Mariátegui.

Esa crítica al dogma se torna impostergable porque mucha agua corrió bajo el puente. Hoy ya no nos podemos dar el lujo de tener la "inocencia", si se nos permite el término, ni la virginidad política de aquellos heroicos marxistas latinoamericanos de los años '20, entrañables fundadores de nuestra tradición.

Hart lo dice claramente y con todas las letras. En los regímenes políticos del Este europeo —donde nació y se consolidó, a partir de la muerte de Lenin, una cultura política que ilegítimamente asumió el nombre de marxismo ortodoxo— *hubo errores y horrores tremendos*. La bochornosa e indigna caída de esas sociedades no comenzó en 1985, nos alerta el autor. La perestroika —con toda su claudicación ante el mercado y su exaltación del capitalismo— es una consecuencia de una descomposición previa, no una causa. La derrota de esos regímenes comenzó a gestarse muchísimo antes.

Al acometer ese balance crítico, Hart no realiza una descripción neutral, aséptica, desterritorializada ni descontextualizada. Como integrante de la dirección histórica de la Revolución cubana Hart expone en estos escritos una confesión amarga pero inequívoca: *La hemos vivido* [la caída de la URSS y de las sociedades de Europa oriental] *desde la perspectiva de la izquierda revolucionaria, antiimperialista y socialista.*

La reflexión sobre aquella tragedia que dilapidó las energías y el heroísmo de ese abnegado pueblo que derrotó a los nazis está realizada desde el ángulo insumiso y rebelde de nuestra América, desde lo más rico y creador de la cultura latinoamericana.

Aquel derrumbe de 1989 no fue una derrota militar sino más bien un desarme ideológico. La URSS se desintegra y desaparece de escena no porque le hayan lanzado misiles nucleares ni bombas atómicas sino porque pierde la confrontación en el terreno de la ideología, de los valores, de la ética y de la cultura. Todo el mundo vio por la televisión las inmensas colas en los Mc Donalds que, tras la caída del muro de Berlín, hacían los habitantes de esos países creyendo ilusoriamente que en esas hamburguesas indigestas iban a encontrar la utopía y el proyecto de vida que no les proporcionaban los regímenes burocráticos del Este europeo. Evidentemente, allí no se pudo crear la nueva subjetividad y la nueva cultura que tanto reclamaba el Che Guevara ni la hegemonía socialista en la que pensaba Antonio Gramsci. El marxismo oficial de esos países ya no tenía ni la autoridad moral ni el poder de convencimiento que nunca debió haber perdido. Como alertaba Roque Dalton, los marxistas revolucionarios podemos aceptar todas las clandestinidades... menos la clandestinidad moral.

Tenemos pues que hacernos cargo y dar cuenta de la fuente de todos esos *errores y horrores*. El autor nos advierte: *"no basta con denunciar los errores, es indispensable analizar las raíces filosóficas de los mismos"*. La idea reaparece varias veces en el libro: *"No basta con denunciar los crímenes en nombre del socialismo, es necesario estudiar las raíces históricas, culturales y psicológicas de los mismos"*.

El examen crítico de Armando Hart sobre las experiencias frustradas del socialismo del siglo XX elude el engañoso atajo de atribuir absolutamente todo a la culpa a un individuo singular: José Stalin (quien de todas maneras fue uno de los grandes responsables). Aunque en los textos que siguen Hart realiza una profunda y meditada crítica del stalinismo, lo hace sin poner nombres y apellidos para no ofender ni lastimar — totalmente comprensible porque, como enseña Fidel, la tarea es sumar y unir, no dividir —. No obstante, con nombre o sin nombre, se advierte claramente de qué se está hablando. Sus reflexiones intentan indagar en las raíces filosóficas que han sobrevivido a la muerte del individuo Stalin. Porque no se trata de descolgar el cuadrito de la pared — como hizo el XX Congreso del Partido Comunista de la Unión Soviética en 1956 — conservando intactos sus métodos de pensamiento y su modo de concebir la vida social, la política, la cultura, la historia humana y el divorcio entre los dirigentes y las masas populares. Lo que está en juego es la posibilidad de repensar más a fondo el problema.

Armando Hart no se queda en la superficie. Se esfuerza por penetrar en las capas más profundas de aquella triste concepción del marxismo que alguna vez llegó a plantear, por boca del mismo Stalin: *"La URSS es superior al capitalismo de Occidente porque produce mayor cantidad de acero"*; en lugar de ubicar el eje de la disputa en la lucha por la hegemonía y por una nueva concepción de la vida, la cultura y los valores éticos. Si se combatía en el mismo terreno del capitalismo, la batalla estaba perdida de antemano (como finalmente quedó demostrado). Por eso el autor explica, lúcidamente, que las raíces de la crisis comienzan tras la muerte de Lenin y no recién en los años '80, cuando los síntomas de la enfermedad aparecen a la vista de todo el mundo.

Y ya que mencionamos a Lenin, conviene destacar la actitud de Hart frente al maestro de Gramsci y gran artífice de la revolución de octubre, hoy insultado unánimemente por todos los medios de comunicación del sistema. A contramano de varios figurones ex izquierdistas que, seducidos por el posmodernismo y el posestructuralismo, actualmente reniegan de ese formidable asalto al cielo de 1917 y de su principal estratega, Armando Hart sugiere a sus jóvenes lectores *volver a leer y estudiar a Lenin* a partir de un ángulo bien preciso: *desde posiciones tercermundistas y de izquierda*. Vale la pena seguir su consejo.

Ese reexamen sobre la experiencia frustrada de la URSS no puede detenerse ante los hechos históricos. Tiene que conducir a nuevas investigaciones en la teoría. Según los términos empleados por Hart: *"Para rescatar el pensamiento marxista del pantano ético dejado como nefasta herencia por más de 80 años de tergiversaciones es necesario investigar los fundamentos culturales del materialismo histórico".*

La finalidad de esos análisis históricos y teóricos no es el autoflagelo del socialismo ni derramar lágrimas sobre el difunto político. Tampoco la desmoralización de los militantes. ¡Todo lo contrario!. Lo que se persigue es robustecer el pensamiento crítico para evitar que las próximas luchas sean derrotadas. El objetivo es enriquecer al marxismo y al pensamiento de la revolución para poder luchar mejor por la transformación radical de las personas, las relaciones sociales y las instituciones. Se trata de volver a la pelea fortalecidos, luego de haber hecho un balance, con la cabeza erguida y la moral bien alta. No casualmente Karl von Clausewitz, el teórico clásico de la guerra, escribía sobre la importancia de las "armas morales" y las "fuerzas morales" en los encuentros bélicos. La moral de combate es fundamental para ganar una contienda como la actual batalla de las ideas.

Hart nos invita entonces a realizar un replanteo teórico de conjunto para que el marxismo sea una herramienta eficaz en la lucha contra el sistema capitalista y el imperialismo, en lugar de un peso muerto que hay que cargar en la espalda por temor a la "ortodoxia". Para que nos permita pensar la sociedad latinoamericana y su transformación histórica, en lugar de ocultarla y negarla con citas autorizadas. Para que nos facilite la tarea, en lugar de obstaculizarla. Para que nos permita comprender la necesidad de unir al campo revolucionario, antiimperialista y anticapitalista, en lugar de generar divisiones artificiales, narcisistas, estériles e incomprensibles. Para que nos ayude a radicalizarnos cada vez más, en lugar de moderarnos y hacernos paulatinamente más "realistas" e institucionales. Para que nos permita hacer observables nuestras falencias y debilidades colectivas, en lugar de cegarnos y volvernos cada vez más sordos.

En suma, para que nos invite a formular nuevas preguntas, en lugar de clausurar los debates.

Uno de los grandes aportes de este libro consiste, justamente, en las preguntas que formula y en los espacios de discusión que se abren de aquí en adelante. Por eso, aunque habla de la historia pasada, el libro de Hart está pensado para el futuro, para las nuevas generaciones, para la gente joven que hoy se incorpora a la lucha por *Otro mundo posible*, al proyecto por otro mundo mejor, a la militancia por el socialismo a escala mundial.

¿Cuáles son las discusiones teóricas que abre Armando Hart? Uno de los ensayos que nos puede dar la pista de esos nuevos enfoques es, por ejemplo, el titulado "Marx, Engels y la condición humana". El mismo constituye uno de los más originales y logrados de todo el libro. Allí el autor realiza un verdadero enriquecimiento de la teoría al cruzar a Marx con Sigmund Freud y al preguntarse por los fundamentos materiales de la subjetividad humana y la cultura. Hart no se conforma con lo habitual: citar, glosar y volver a reproducir lo que ya sabemos. Aporta conocimiento nuevo. Interroga a los fundadores de la filosofía de la praxis desde preguntas inéditas donde nuevas dimensiones, anteriormente "proscriptas" del materialismo histórico o consideradas "herejías revisionistas", se integran en la visión marxista.

Por ejemplo: ¿Qué sucede con las emociones, con los elementos volitivos, con los mitos, con los símbolos, con la dimensión imaginaria, con los valores éticos (la justicia, la dignidad, el honor, la igualdad, la libertad, la fraternidad, la independencia, la autonomía, la solidaridad, la autoestima, el amor, etc.) y con la enorme fuerza de las producciones culturales en su nexo con las relaciones sociales y la historia, con la producción económica y la hegemonía política?. ¿Puede el marxismo dar cuenta al mismo tiempo de las pulsiones e instintos más primarios y de la vida ética y espiritual de la humanidad —y su vocación social— o hay que recurrir a otros saberes pues Marx no tiene nada que decir al respecto? ¿Cómo se articula la crítica del fetichismo de la economía política y el estudio de las leyes de tendencia del movimiento de la sociedad mercantil capitalista con el estudio de los pliegues más íntimos de la subjetividad? ¿Acaso el marxismo no tiene nada que aportar en el terreno científico que aborda la subjetividad? ¿Puede haber explicación científica de la sociedad y de la historia —incluyendo nociones como el progreso, el socialismo, la barbarie, la explotación y la dominación, la objetividad y la subjetividad— que prescinda de los valores éticos? ¿La función de las llamadas "superestructuras" en la concepción materialista de la historia es puramente reproductiva y refleja?

Estas y muchísimas otras preguntas palpitantes quedan abiertas por las reflexiones filosóficas de Armando Hart. Él nos invita a profundizar, a interrogarnos y a investigar. Nos propone utilizar el marxismo como herramienta y como método, pero despojado de todo determinismo, de todo materialismo vulgar, de todo economicismo y de toda escolástica.

Si bien es cierto que el libro de Hart se inserta de lleno en la tradición radical latinoamericana de Bolívar, San Martín, Martí, Zapata, Sandino, la hermandad de Ariel y lo más rico y original del marxismo latinoamericano del siglo XX, al mismo tiempo no puede desconocerse que sus formulaciones, nutridas de la experiencia de la revolución cubana, adquieren un carácter universal. Lejos de todo provincianismo intelectual, no podemos dejar de señalar que la aproximación teórica de Hart (donde el centro del pensamiento filosófico está ubicado en los seres humanos insertos en relaciones sociales, sus luchas y conflictos históricos, su práctica social, su voluntad, sus creaciones culturales y sus valores éticos), mantiene notables analogías con otras formulaciones teóricas nacidas en el suelo europeo. Entre unas y otras no hay calco ni copia, no hay transplante ni "recepción", sino más bien una convergencia de perspectivas y una sugerente afinidad electiva de motivos ideológicos similares.

Estamos pensando, fundamentalmente, en el "marxismo idealista" que el húngaro György Lukács condensara durante su juventud en su incomparable y genial *Historia y conciencia de clase*. Lo mismo sucede con el "marxismo culturalista", del cual el militante italiano Antonio Gramsci hizo gala en sus inolvidables *Cuadernos de la cárcel*. Por supuesto que los motes de "idealista" y "culturalista" no pertenecen a esos geniales autores —ambos pensadores teóricos y, al mismo tiempo, revolucionarios prácticos— que produjo el marxismo europeo, sino a la jerga inquisitorial de sus dogmáticos censores, muchos de ellos pasados posteriormente a la socialdemocracia e, incluso, al neoliberalismo. Esos mismos de los que hoy ni siquiera nos acordamos los nombres, mientras miles y miles de jóvenes, a lo largo de todo el planeta, estudian los escritos de Gramsci y, en menor medida, los del joven Lukács.

La analogía y la convergencia de horizontes e inquietudes trazada con estos autores no es caprichosa ni forzada. Seguramente podrían agregarse muchos más a la comparación: desde los teóricos británicos de la cultura Raymond Williams y Terry Eagleton u otros gramscianos del mismo estilo hasta el marxista freudiano de la Escuela de Frankfurt Herbert Marcuse o el norteamericano Fredric Jameson, sin olvidarnos de los llamados de alerta frente al progreso tecnológico de las *Tesis sobre el concepto de historia* de Walter Benjamin. Lo que sucede es que el pensamiento de la revolución cubana converge, desde las coordenadas específicas de América Latina y el Tercer Mundo, con lo mejor y más original del marxismo historicista y humanista producido en Europa (y también, aunque no es tan visible, en los mismos Estados Unidos).

No es casual que las vertientes más interesantes de la Nueva Izquierda mundial de los años '60 hayan encontrado en la revolución cubana un punto de referencia insoslayable. Tanto en los discursos políticos y pedagógicos de Fidel, en los escritos teóricos del Che y en la obra educacional encabezada por Armando Hart, como en la creación cultural impulsada desde la Casa de las Américas, en el pensamiento social predominante en la isla durante los años '60, en la obra cinematográfica alentada por el ICAIC, en la literatura de lo real maravilloso de Alejo Carpentier y en el periodismo militante de

Prensa Latina. Sólo a costa de ceder al más crudo y brutal eurocentrismo —esa enfermedad senil del socialismo que tanto daño nos ha hecho y nos sigue haciendo— se puede hacer caso omiso de esa imparable irradiación política cuya influencia cultural no se detuvo ni ante los movimientos sociales internos al gigante del norte ni ante el océano Atlántico.

Estos ensayos filosóficos, históricos y políticos de Armando Hart tienen la virtud de que logran sistematizar en un todo orgánico esa reflexión marxista humanista y ética, común a Fidel y al Che, que atraviesa las vetas más originales de la cultura de la revolución. Una concepción del marxismo que bien podría catalogarse, desde la rigidez petrificada de los dogmas de manual como "eticista", "voluntarista" e "idealista". Nada distinto, por cierto, de lo que se acusó al Che Guevara y a toda la dirección de la revolución cubana durante los años '60. Según Hart escribe en el libro: *Sus ideas éticas* [las del Che] *fueron refutadas de idealismo filosófico y de subjetivismo por quienes situados en la superficie de la realidad no acertaron a penetrar en sus profundidades.*

En otra época, estamos casi seguros, el dogma cristalizado que durante tanto tiempo monopolizó el nombre de "ortodoxia" y se autobautizó "marxismo-leninismo" (sin tener nada que ver ni con la genialidad de Marx ni con el radicalismo de Lenin) hubiera catalogado este libro de Armando Hart como "puro revisionismo". Probablemente habrían incluido este volumen en el índex de lo que "no es conveniente leer". Cuando Hart nos solicitó telefónicamente nuestra primera opinión sobre su ensayo, le contestamos exactamente eso y él comenzó inmediatamente a reirse. Sí, hoy nos genera risa el dogmatismo de los que alguna vez se atrevieron a insultar y denostar al Che, a Lukács, a Gramsci o a tantos otros pensadores genuinos de la revolución.

Ahora bien. La crítica de los *errores y horrores* no comienza por parte del autor recién en los últimos tiempos. No es una cuestión oportunista. El búho de Minerva no siempre espera al atardecer para comenzar a mover sus alas. Hart viene insistiendo con la necesidad de una revalorización de la cultura de la rebeldía y su vínculo inseparable con la política revolucionaria desde hace décadas. Quienes conocen sus escritos e intervenciones orales saben perfectamente que no descubrió a José Martí ni al pensamiento latinoamericano recién en 1989...

Por otra parte, ya en sus manuscritos de 1966 elaborados en Praga*, el Che Guevara había vaticinado que *La Unión Soviética está regresando al capitalismo*. Además, en la carta que le enviara a Armando Hart desde Tanzania, hace ya cuatro décadas, le señala la insuficiencia teórica de la enseñanza del marxismo de aquella época. También advierte la gravedad del seguidismo ideológico a los *ladrillos soviéticos* —como el Che llamaba a los tristemente célebres manuales de las Academias de Ciencias—.

No es ésta la ocasión para analizar a fondo la importantísima carta del Che a Hart que este volumen reproduce al comienzo ni sus implicancias teóricas (lo hemos intentado hacer extensamente en un libro específico sobre el pensamiento del Che). Sólo la mencionamos porque evidentemente los planteos críticos que en este libro expone Hart no son escritos de oportunidad, sacados a último minuto de la galera como por arte de magia. Son reflexiones maduras y sistemáticas de todo un pensamiento crítico que viene desarrollándose desde hace décadas. Muchísimo antes de la caída del muro...

No queremos concluir estas líneas sin dejar sentado que para nosotros hacer este prólogo constituye un inmenso honor. Porque compartimos sus ideas —lo afirmamos sin diplomacias ni compromisos formales de ningún tipo— pero fundamentalmente por la calidad humana, la sencillez y la modestia del autor del libro, a quien consideramos un compañero con todas las letras y un amigo. Sin esa sencillez y esa modestia no puede haber revolucionarios de verdad ni transmisión de experiencias para las nuevas generaciones.

También queremos felicitar a la compañera Eloísa Carreras por la encomiable y rigurosa tarea que realizó con el mismo cariño de otros textos sobre Hart. Que los trabajos no se pierdan, que los ensayos puedan ser útiles para la formación política de nuevas generaciones de militantes antiimperialistas y socialistas —dentro y fuera de Cuba— resulta algo fundamental.

Este libro, escrito con pasión, con lealtad, con sabiduría y con principios, probablemente se convierta en un clásico de nuestra tradición. Así lo merece. Tiene todo para serlo. Pone el dedo en la llaga y toma el toro por las astas. No repite lo que ya sabemos sino que indaga en nuestras falencias. Nos invita a seguir investigando en lo que todavía nos falta: una teoría marxista de la subjetividad, de la cultura, de la voluntad y de la ética. Una teoría elaborada desde una trinchera política bien clara y definida: la mejor tradición de pensamiento radical, revolucionario y antiimperialista de nuestra América.

Septiembre de 2004

---

* Para una mayor información véase *Apuntes Críticos a la economía política*, Ocean Press, 2005 (NE).

Carta de Ernesto Che Guevara
a Armando Hart

Dar-Es-Salaam, Tanzania (4/XII/1965)[1]

Mí querido secretario:

Te felicito por la oportunidad que te han dado de ser Dios; tienes 6 días para ello. Antes de que acabes y te sientes a descansar como hizo tu predecesor, quiero exponerte algunas ideíllas sobre la cultura de nuestra vanguardia y de nuestro pueblo en general.

En este largo período de vacaciones le metí la nariz a la filosofía, cosa que hace tiempo pensaba hacer. Me encontré con la primera dificultad: en Cuba no hay nada publicado, si excluimos los ladrillos soviéticos que tienen el inconveniente de no dejarte pensar; ya el partido lo hizo por ti y tú debes digerir. Como método, es lo más antimarxista, pero, además suelen ser muy malos, la segunda, y no menos importante, fue mi desconocimiento del lenguaje filosófico (he luchado duramente con el maestro Hegel y en el primer round me dio dos caídas). Por ello hice un plan de estudio para mí que, creo, puede ser estudiado y mejorado mucho para constituir la base de una verdadera escuela de pensamiento; ya hemos hecho mucho, pero algún día tendremos también que pensar. El plan mío es de lecturas, naturalmente, pero puede adaptarse a publicaciones serias de la editora política.

Si le das un vistazo a sus publicaciones podrás ver la profusión de autores soviéticos y franceses que tiene.

Esto se debe a la comodidad en la obtención de traducciones y seguidismo ideológico. Así no se da cultura marxista al pueblo, a lo más, divulgación marxista, lo que es necesario, si la divulgación es buena (no es este el caso), pero insuficiente.

Mi plan es este:

I Clásicos filosóficos.

II Grandes dialécticos y materialistas.

III Filósofos modernos.

IV Clásicos de la Economía y precursores.

V Marx y el pensamiento marxista.

VI Construcción socialista.

VII Heterodoxos y capitalistas.

VIII Polémicas.

Cada serie tiene independencia con respecto a la otra y se podría desarrollar así:

I Se toman los clásicos conocidos ya traducidos al español, agregándole un estudio preliminar serio de un filósofo, marxista si es posible, y un amplio vocabulario explicativo. Simultáneamente, se publica un diccionario de términos filosóficos y alguna historia de la filosofía. Tal vez pudiera ser Dennyk y la de Hegel. La publicación podría seguir cierto orden cronológico selectivo, vale decir, comenzar por un libro o dos de los más grandes pensadores y desarrollar la serie hasta acabarla en la época moderna, retornando al pasado con otros filósofos menos importantes y aumentando volúmenes de los más representativos, etc.

II Aquí se puede seguir el mismo método general, haciendo recopilaciones de algunos antiguos (hace tiempo leí un estudio en que estaban Demócrito, Heráclito y Leucipo, hecho en la Argentina).

III Aquí se publicarían los más representativos filósofos modernos, acompañados de estudios serios y minuciosos de gente entendida (no tiene que ser cubana) con la correspondiente crítica cuando representen los puntos de vista idealistas.

V Se está realizando ya, pero sin orden ninguno y faltan obras fundamentales de Marx. Aquí sería necesario publicar las obras completas de Marx y Engels, Lenin, Stalin[2] y otros grandes marxistas. Nadie ha leído nada de Rosa Luxemburgo, por ejemplo, quien tiene errores en su crítica de Marx (III tomo) pero murió asesinada, y el instinto del imperialismo es superior al nuestro en estos aspectos. Faltan también pensadores marxistas que luego se salieron del carril, como Kautzky y Hilfering (no se escribe así)[3] que hicieron aportes y muchos marxistas contemporáneos, no totalmente escolásticos.

VI Construcción socialista. Libros que traten de problemas concretos, no sólo de los actuales gobernantes, sino del pasado, haciendo averiguaciones serias sobre los aportes de filósofos y, sobre todo, economistas o estadistas.

VII Aquí vendrían los grandes revisionistas (si quieren pueden poner a Jruschov), bien analizados; más profundamente que ninguno, y debía estar tu amigo Trotsky, que existió y escribió, según parece.

Además, grandes teóricos del capitalismo como Marshal, Keynes, Schumpeter etc. También analizados a fondo con la explicación de los porqué.

VIII Como su nombre lo indica, este es el más polémico, pero el pensamiento marxista avanzó así. Proudhon escribió *Filosofía de la miseria* y se sabe que existe por la Miseria de la filosofía. Una edición crítica puede ayudar a comprender la época y el propio desarrollo de Marx, que no estaba completo aún. Están Robertus y Dürhing en esa época y luego los revisionistas y los grandes polémicos del año 20 en la URSS, quizás los más importantes para nosotros.

Ahora veo que me faltó uno, por lo que cambio el orden (estoy escribiendo a vuela pluma).

Sería el IV, Clásicos de la economía y precursores, donde estarían desde Adam Smith, los fisiócratas, etc.

Es un trabajo gigantesco, pero Cuba lo merece y creo que lo pudiera intentar. No te canso más con esta cháchara. Te escribí a ti porque mi conocimiento de los actuales responsables de la orientación ideológica es pobre y, tal vez, no fuera prudente hacerlo por otras consideraciones (no sólo la del seguidismo, que también cuenta).

Bueno, ilustre colega (por lo de filósofo), te deseo éxito. Espero que nos veamos en el séptimo día. Un abrazo a los abrazables, incluyéndome de pasada, a tu cara y belicosa mitad.

R.

4/12/65

Mi querido secretario:

Te felicito por la oportunidad que te han dado de ver Dios, tienes 6 días para ello. Antes de que acabes y te sientes a descansar (si es que no eliges el sabio método del dios predecesor, que descansó antes), quiero exponerte algunas ideíllas sobre la cultura de nuestra vanguardia y de nuestro pueblo en general.

En este largo período de vacaciones le metí la nariz a la filosofía, cosa que hace tiempo quería pensar hacer. Me encontré con la primera dificultad: en Cuba no hay nada publicado, si excluimos los ladrillos soviéticos que tienen el inconveniente de no dejarte pensar; ya el partido lo hizo por ti y tú debes digerir. Como método, es lo más antimarxista, pero, además, suelen ser muy malos. La segunda, y no menos importante, fue mi desconocimiento del lenguaje filosófico (he luchado duramente con el maestro Hegel y en el primer round me dió dos caídas). Por ello hice un plan de estudio para mí que, creo, puede ser estudiado y mejorado mucho para constituir la base de una verdadera escuela de pensamiento; ya hemos hecho mucho, pero algún día tendremos tiem-

2

bien que pensar. El plan mío es de lecturas, naturalmente, pero puede adoptarse a publicaciones serias de la editora política.

Si le das un vistazo a sus publicaciones podrás ver la profusión de autores soviéticos y franceses que tiene. Esto se debe a comodidad en la obtención de traducciones y a seguidismo ideológico. Así no se da cultura marxista al pueblo, a lo más, divulgación marxista, lo que es necesario, si la divulgación es buena (no es este el caso), pero insuficiente.

Mi plan es este:

I Clásicos filosóficos
II Grandes dialécticos y materialistas
III Filósofos modernos
IV Clásicos de la economía y precursores
V Marx y el pensamiento marxista
VI Construcción socialista
VII Heterodoxos y capitalistas
VIII Polémicas

3

Cada serie tiene independencia con respecto a la otra y se podría desarrollar así:

I) Se toman los clásicos conocidos ya traducidos al español, agregándole un estudio preliminar serio de un filósofo, marxista si es posible, y un amplio vocabulario explicativo. Simultáneamente, se publica un diccionario de términos filosóficos y alguna historia de la filosofía. Tal vez pudiera ser Dennyk y la de Hegel. La publicación podría seguir cierto orden cronológico selectivo, vale decir, comenzar por un libro o dos de los más grandes pensadores y desarrollar la serie hasta acabarla en la época moderna, retornando al pasado con otros filósofos menos importantes y aumentando volúmenes de los más representativos, etc.

II) Aquí se puede seguir el mismo método general, haciendo recopilaciones de algunos antiguos (Hace tiempo leí un estudio en que estaban Demócrito, Heráclito y Leucipo, hecho en la Argentina)

III) Aquí se publicarían los más representativos filósofos modernos, acompañados de estudios serios y minuciosos de gente entendida (no tiene que ver cubana) con la correspondiente crítica cuando representen los puntos de vista idealistas.

IV) Se está realizando ya, pero sin orden ninguno y faltan otros fundamentales de Marx. Aquí sería necesario publicar las obras completas de Marx y Engels, Lenin, Stalin y otros grandes marxistas. Nadie ha leído nada de Rosa Luxemburgo, por ejemplo, quien tiene errores en su crítica de Marx (III tomo) pero murió asesinada, y el instinto del imperialismo es superior al nuestro en estos aspectos. Faltan también pensadores marxistas que luego se salieron del carril, como Kautsky y Hilferding (no se escribe así) que hicieron aportes y muchos marxistas contemporáneos, no totalmente realísticos

V) Construcción socialista. Libros que traten de problemas concretos, no solo de los actuales gobernantes, sino del fondo, haciendo averiguaciones serias sobre los aportes de filósofos y, sobre todo, economistas o estadistas.

VI) Aquí vendrían los grandes revisionistas (si quieres, pueden poner a Jruschov) bien analizados; más profundamente que ninguno, y debía estar tu amigo Trotsky, que existió y escribió, según parece.

Además, grandes teóricos del capitalismo, como Marshal, Keynes, Schumpeter, etc. También analizados a fondo con la explicación de los porqué.

VIII) Como su nombre lo indica, este es el más polémico, pero el pensamiento marxista avanzó así. Proudhon escribió ~~traenos a~~ Filosofía de la miseria y se sabe que existe por la Miseria de la filosofía. Una edición crítica puede ayudar a comprender la época y el propio desarrollo de Marx, que no está ha completo aún. Están Rotertus y Dühring en su época y luego los revisionistas y los grandes polémicos del año 20 en la URSS, quizás los más importantes para nosotros.

Ahora veo, que me falta uno, por lo que cambio el orden (estoy escribiendo a vuela pluma). Sería el IV, Clásicos de la economía y precursores, donde estarían desde Adam Smith, los fisiócratas etc.

Es un trabajo gigantesco, pero Cuba lo merece y creo que lo pudiera intentar. No te canso más con esta cháchara. Te escribí a ti porque mi conocimiento de los actuales responsables de la orienta-

ción ideológica es pobre y, tal vez, no fuera prudente
hacerlo por otras consideraciones (no sólo la del oportunismo, que también cuenta).

Bueno, ilustre colega (por lo de filósofo), te
deseo éxito. Espero que nos veamos el séptimo
día. Un abrazo a los abrazables, incluyéndome,
de paso, a tu casa y heroica unidad.

R.

Una introducción necesaria

Cómo llegamos a las ideas socialistas y por qué las defendemos

Tras el derrumbe del socialismo en Europa Oriental y la URSS, alguien me dijo: "ustedes son unos náufragos"; inmediatamente respondí: "los náufragos nadamos hacia tierra firme, somos los que mejor conocemos las causas de lo ocurrido y más tenemos que contar". Precisamente a partir de esa experiencia histórica y de las características singulares de la formación económico-social de nuestra nación, pudimos llegar a una interpretación antidogmática y creadora del pensamiento de Marx y Engels.

Para entender la singularidad de Cuba, es necesario tomar en cuenta las condicionantes políticas, económicas y sociales del país en la primera mitad del siglo XX, que determinaron la evolución de las ideas socialistas y su empalme con la tradición patriótica y antiimperialista del siglo XIX.

Más de 150 años marcados por hechos y hombres con su carga de heroísmo, sacrificio y enseñanzas forjaron la nación cubana. Este país creció y se fortaleció en la lucha por la utopía universal del hombre. Conciencia de nación arraigado en un patriotismo inclaudicable; amor sin límite a la libertad, fortalecido más tarde en el combate y en la guerra; sed de conocimientos y cultura, afirmados en una nítida visión universal, comenzaron a gestarse en el alma cubana desde finales del siglo XVIII y principios del XIX.

Desde entonces, los cubanos tenemos el corazón puesto en la patria Cuba, en la patria América y en la patria Humanidad, como clave para entender la magnitud y agudeza de las enormes contradicciones, que hemos debido enfrentar.

Fuerzas económicas hostiles a nuestro país, se han expresado en corrientes políticas, sociales y culturales. El extraordinario poderío económico del colonialismo español primero y del imperialismo yanqui después, tenían como último recurso para mantener su predominio, el aparato de violencia representado por los ejércitos profesionales de las metrópolis y el de la oligarquía cubana. La nación emergió en lucha contra estos importantes poderes. Los sectores dominantes de ambos países impidieron que surgiera un capitalismo independiente portador de un ideal patriótico nacional. Los enormes obstáculos que Cuba encontró en su camino hacia un desarrollo libre de injerencias extranjeras, exigieron desde la época de la colonia, una gran firmeza en defensa de la independencia nacional.

Las reformas al antiguo colonialismo vigente hasta las últimas décadas del siglo XVIII y principios del XIX, que identificamos con Francisco de Arango y Parreño, estaban atrapadas en la contradicción de facilitar el tráfico de negros. Éste es un hecho de suma importancia para valorar las razones que impidieron a principios del siglo XIX el éxito del ideal separatista, al condicionar la estratificación social, determinó la radicalización posterior del movimiento independentista.

Entre 1791 y 1825 se produjo un incremento notable de la esclavitud. En esta última fecha la población negra de Cuba representaba el 56%, lo cual alarmó a los terratenientes por temor a que se produjera un movimiento como el que había propiciado la independencia de Haití. A la vuelta de 80 años creció decisivamente la proporción de la población cubana explotada en relación con la española. Entre 1791 y 1868 el número de habitantes se incrementó notablemente. La de origen español, que había llegado a Cuba para desempeñar cargos militares, administrativos o de tráfico comercial, no tenía arraigo en la tierra, y en el transcurso de varias generaciones, gran parte de sus descendientes devino en una masa trabajadora ocupada en oficios subalternos agrícolas, administrativos y de servicio.

La caracterización de las corrientes políticas del siglo XIX, viene dada por la forma y el sentido con que se interpretaron la esclavitud y el objetivo independentista.

En 1868 el detonador de la guerra revolucionaria surgió en las capas cultivadas procedentes de la clase terrateniente criolla, especialmente del oriente del país, más afectadas por el proteccionismo de la metrópoli.

En La Demajagua y Guáimaro, el ideal democrático que había llegado por vías culturales se articuló con la abolición de la esclavitud, dándole desde entonces un carácter eminentemente social al ideario nacional cubano. A partir del revés del Zanjón, este proceso iba a adquirir un contenido aún más radical con la Protesta de Baraguá.

Luego Martí, la Tregua Fecunda[4], el Partido Revolucionario Cubano, Baire y la reconstrucción del Ejército Libertador marcaron para siempre con el sello de los intereses de las masas explotadas la identidad nacional cubana. Un carácter singular de la Revolución nacida el 10 de Octubre de 1868, se encuentra en la síntesis lograda entre política, ética y cultura.

Prolongadas y cruentas batallas forjaron sentimientos que sirvieron de catalizador a la primera y más importante manifestación de solidaridad: la identificación entre blancos, negros, criollos y emigrantes en general como componentes de la nación, fue punto de arranque para la unidad del país.

El hecho de haber sido la última colonia en liberarse del dominio ibérico, nos obligó a desarrollar una larga contienda, la cual estuvo influida por la lucha contra las pretensiones expansionistas de Estados Unidos.

Las razones de los temores de Maceo y la angustia de Martí, se vieron confirmadas dramáticamente en la realidad. El país que hizo la revolución en 1895 resultó desviado de su desarrollo, limitado en su libertad y cercenado en su soberanía. La Enmienda Platt y la entrega de nuestras riquezas a la voracidad del impetuoso capitalismo yanqui, fueron el resultado de aquel encuentro entre nuestro movimiento de liberación y el desarrollo expansionista norteamericano. Bajo esas condiciones nació un burgués improvisado y postizo, consecuencia de una economía de carácter parasitario concebida para la explotación de la nación, en favor de potencias extranjeras.

Tres hechos imposibilitaron que emergiera en Cuba una burguesía portadora del ideal nacional:

1. La monarquía española, dada su rancia política, que no se había liberado de la ideología más atrasada del Medioevo, no pudo entender a los reformistas cubanos, quienes hipotéticamente hubieran podido generar el núcleo portador de una cultura burguesa nacional.

2. Los sectores burgueses menos comprometidos con los intereses españoles, menos dependientes de ellos y más ahogados económicamente, aislados e instalados sobre todo en la región oriental, optaron a partir de 1868, por la solución radical de la contradicción social engendrada por la colonia y la esclavitud. Los más avanzados, en tanto herederos de la tradición abolicionista e independentista de Varela[5], hicieron causa común con las masas oprimidas, durante un largo proceso que incluyó 30 años de guerras de liberación.

3. La intervención militar y política de Estados Unidos, y el posterior apoderamiento de Cuba por esta emergente potencia mundial, impidieron para siempre la posibilidad de que con la independencia naciera y se desarrollara una burguesía capaz de expresar el auténtico ideal cubano.

En la década de 1920 y 1930, Julio Antonio Mella[6] y las corrientes antiimperialistas, revolucionarias y socialistas de entonces, rescataron y exaltaron del olvido a que habían sido sometidas las enseñanzas de José Martí y la aspiración patriótica del siglo XIX, tras la intervención imperialista norteamericana. El pensamiento político independentista se articuló con el de las generaciones más jóvenes. Carlos Baliño[7] había trabajado junto a Martí en los clubes revolucionarios de Cayo Hueso. Cuentan que el Apóstol le expuso que revolución no era la que iban a hacer en la manigua, sino la que realizarían en la República, y Baliño logró transmitir el mensaje del Maestro a Julio Antonio Mella.

Varios hechos y procesos conformaron la vida política cubana durante ese período: el rescate del pensamiento revolucionario de José Martí (a que ya hemos hecho referencia); el ascenso del pensamiento antiimperialista; la influencia de la Revolución de Octubre; la fundación del Partido Comunista en 1925; el surgimiento del Directorio Estudiantil de 1927 y el de 1930; la creación después del asesinato de Rafael Trejo, del Ala Izquierda Estudiantil; el surgimiento del ABC[8]; el crecimiento del movimiento popular que culminó con la huelga general de agosto de 1933 y el derrocamiento de la tiranía de Machado, tras la intervención norteamericana, conocida como la mediación del embajador Benjamín Sumner Welles, quien con el apoyo de la alta oficialidad del Ejército terminó imponiendo en la presidencia a un descendiente directo de Carlos Manuel de Céspedes.

El 4 de septiembre de 1933, se produjo la sublevación de los sargentos contra los mandos militares superiores. Los sublevados, en alianza con los estudiantes y profesores, crearon un gobierno provisional presidido por Ramón Grau San Martín; el secretario de Gobernación y de Guerra y de Marina del mismo, Antonio Guiteras Holmes[9], con sus medidas radicales lo marcó revolucionariamente. Fulgencio Batista, quien desde ese momento se puso al servicio de la embajada norteamericana, derrocó dicho gobierno provisional en enero de 1934.

El ascenso de los sentimientos internacionalistas se vio materializado en los años finales de la década de 1930, por las legiones de combatientes que fueron a pelear en favor de la República en la Guerra Civil Española, y que ejemplificamos en la figura del líder revolucionario Pablo de la Torriente-Brau, caído durante aquella contienda.

En 1939 la clase obrera, cuya participación en las luchas revolucionarias de las décadas precedentes había sido decisiva, organizó la Central de Trabajadores de Cuba (CTC), bajo la dirección de Lázaro Peña y los comunistas, quienes fueron siempre los dirigentes naturales del movimiento sindical.

Sin embargo, ya a mediados de los años treinta, el período revolucionario gestado en los veinte, había agotado sus posibilidades de realización práctica y se iniciaba una etapa caracterizada por nuevas formas de dominación neocolonial norteamericana.

Posteriormente se produjo un proceso de carácter pacífico, en el cual intervinieron todas las fuerzas políticas del país, que condujo a la Constituyente de 1940. Aquella asamblea se caracterizó como el producto de un equilibrio logrado entre dos impotencias: la del viejo orden, que no tenía fuerzas para imponerse, y la de la revolución, que tampoco las poseía para establecer sus intereses. La trascendencia y significación de ese texto legal se encuentran en que muestra los puntos más avanzados del pensamiento político alcanzado por consenso nacional, a mediados del siglo. Dar un paso más significaba abrir el camino a un programa socialista. Su debilidad consistía en que las condiciones económicas y de subordinación al extranjero, vigentes entonces, hacían imposible su instrumentación práctica. Para extraer conclusiones acerca de la cultura política y jurídica de Cuba en esa época, debe tenerse como punto esencial de información el texto de esta Constitución.

En los años iniciales de la guerra fría, el régimen desencadenó la persecución contra el movimiento sindical, y por decreto fueron desplazados los dirigentes comunistas de la dirección de la CTC. El 22 de enero de 1948, uno de los principales líderes obreros del país, el azucarero Jesús Menéndez, fue asesinado por un oficial del Ejército, lo que generó un rechazo popular unánime.

La corrupción había penetrado por todos sus poros el sistema político cubano, hasta hacerlo inoperante para enfrentar los retos del país. Desde el seno de la tradición revolucionaria de 1930, Eduardo Chibás promovió una destacada acción política contra la inmoralidad que corroía todos los estratos de la vieja sociedad. El lema "Vergüenza contra dinero" y el símbolo de una escoba para barrer la podredumbre que ahogaba el país estremecieron a la nación y en especial, a los sectores más jóvenes. Más allá del análisis histórico que pueda hacerse del Partido del Pueblo Cubano (Ortodoxos), de su heterogénea composición y muy especialmente de la valoración que hagamos de su Juventud, lo cierto es que el programa de Chibás, estaba orientado hacia el nervio central de la historia espiritual de Cuba: la cuestión ética. Para conocer lo más avanzado de las ideas que se movían en la gigantesca masa ortodoxa, hay que tomar en cuenta que de su Juventud emergió la Generación del Centenario[10].

La Ortodoxia generó desde entonces un movimiento político de repercusión social a partir de un programa ético. Históricamente el reclamo de Chibás no fue sólo un llamado a combatir la corrupción de las costumbres públicas, sino también una advertencia a fondo al sistema económico y social del país, pero como no se escuchó esta clarinada, se abrió el camino a la reacción representada por los grupos castrenses; y para rechazar a éstos, el de la revolución.

El vacío político creado por la muerte de Chibás, lo aprovechó Fulgencio Batista para dar el golpe de Estado el 10 de marzo de 1952. Los grupos burgueses nacidos a la sombra del imperialismo cayeron en una contradicción definitiva. Los más reaccionarios apoyaron la tiranía en alianza con una parte del lumpen, de donde precisamente había surgido Batista, y que constituía la espina dorsal de las Fuerzas Armadas.

A los burgueses derrocados del poder político en 1952, que tenían una cierta aspiración democrática, no les fue posible adscribirse oficialmente al gobierno tiránico, porque éste los había desplazado del dominio público; de haberlo hecho hubieran dejado de ser "demócratas" y habrían caído en la peor ignominia ante el pueblo. Pero ellos no podían ofrecer una fórmula revolucionaria, ya que su debilidad como grupo social era muy grande. Entre la corrupción de las costumbres públicas, el enriquecimiento de sus principales personeros, la vacilación y entrega al imperialismo yanqui, les resultaba imposible enfrentar una tarea de restauración democrática de carácter burgués. Así las cosas, los estudiantes y trabajadores irrumpieron con fuerza propia en el escenario político en defensa de la Constitución de la República.

Las ideas socialistas y patrióticas cubanas de aquellos tiempos, nos guiaron hasta el 26 de julio de 1953, cuando Fidel Castro proclamó que Martí era el autor intelectual de la Revolución. El 1° de enero de 1959 triunfó la revolución de Martí, y en víspera de Playa Girón[11], el 16 de abril de 1961, proclamó su carácter socialista.

Han pasado más de 50 años desde que iniciamos esta lucha. Por circunstancias presentes en nuestro devenir histórico, desde los tiempos de Mella y de la fundación del Partido Comunista en 1925, las ideas socialistas se interpretaron en forma radicalmente distinta a como se hizo en la Unión Soviética y en otras partes del mundo. El propio Mella en un artículo escrito en ocasión de la muerte de Lenin señaló:

> En su tiempo y en su medio, fue un avanzado, y un superhombre que supo con el poder de su genio dar impulso poderoso a la transformación de una civilización.
>
> No pretendemos implantar en nuestro medio copias serviles de revoluciones hechas en otros climas, en algunos puntos no comprendemos ciertas transformaciones, en otros nuestro pensamiento es más avanzado pero seríamos ciegos si negásemos el paso de avance dado por el hombre en el camino de la liberación[12]

Los cubanos reconoceremos siempre el valor de Mella, Rubén Martínez Villena y sus continuadores, quienes supieron defender las ideas socialistas sin ponerlas en antagonismo con la tradición revolucionaria cubana del siglo XIX. Se gestó así una estrecha relación entre ambas fuentes forjadoras de las ideas cubanas de hoy. Desde el comienzo y en su recorrido posterior, las ideas socialistas exaltaron siempre la tradición del siglo XIX, cuya más alta expresión está en

José Martí. De esta forma el pensamiento socialista se enriqueció y pudo incorporar las esencias de las ideas de los fundadores de la nación. La enseñanza de estos análisis reside en que para lograr el triunfo del socialismo es necesario articularlo con la tradición espiritual de cada pueblo; de otra forma este no podrá triunfar jamás. En la Generación del Centenario, había un amplio consenso de ideas antiimperialistas e incluso socialistas que se nutrían de las enseñanzas de Mella y sus continuadores. Los principales organizadores y actores de la gesta del Moncada: Fidel Castro, Abel Santamaría, Raúl Castro, entre otros, poseían desde entonces una alta sensibilidad socialista y arraigadas convicciones martianas.

Varios documentos escritos en nuestro país a finales de la década del 40 y principios de la del 50, ilustran hasta donde había calado el ideal socialista en amplios sectores de la juventud. Sirve de referencia histórica para investigar las concepciones prevalecientes en diversos grupos de jóvenes del Partido del Pueblo Cubano (Ortodoxos), el Manifiesto de la Juventud Ortodoxa, publicado en el año 1948, con el nombre de *El Pensamiento ideológico y político de la juventud cubana*, que tiene contenido y proyección socialista. Asimismo los hermanos Sergio y Luis Saíz, nos dejaron en su testamento político titulado *Por qué luchamos*, una visión socialista, cubana y latinoamericana. Eran unos adolescentes y ya habían alcanzado una cultura de este carácter. No tuve el honor de conocerlos cuando murieron asesinados el 13 de agosto de 1957, pero cuando leí su testamento me causó admiración, porque sus ideas coincidían con la de muchos de los integrantes del Movimiento 26 de Julio. En el mismo estaban contenidos los serios reparos a la política estalinista de la URSS; tales documentos constituyen testimonios elocuentes del pensamiento socialista de gran parte de nuestra Generación.

Fuera del país se tejió la historia de que nuestro proceso podía haber derivado hacia una revolución burguesa. A los que tal cosa han pensado les invito a que reflexionen sobre las consecuencias de la aplicación de nuestro programa. Solamente la promulgación y aplicación rigurosa de las leyes complementarias de la Constitución de 1940, significaban una oposición radical a los intereses de la oligarquía nacional y el imperialismo. Baste decir que en ella se disponía la abolición del latifundio. La composición social de los cuadros más representativos de la dirección del Movimiento 26 de Julio y de los combatientes de filas no era burguesa; pertenecían a las masas trabajadoras, a las capas medias, en su mayoría de escasos recursos, a los campesinos pobres y a los desempleados.

La nación desde sus años forjadores poseía un carácter social, profundamente radical. En los años 50 los representantes de los partidos políticos tradicionales, alineados frente a la tiranía, perdieron toda posibilidad de dirigir el movimiento popular y representar al país, el liderazgo pasó a Fidel Castro y al movimiento revolucionario iniciado en el Moncada. Sería imposible entender el proceso ulterior de la revolución y las posibilidades que se abrieron para su radicalización acelerada, sin tener en cuenta la transformación que se produjo en Cuba, como consecuencia de la acción revolucionaria del Movimiento 26 de Julio.

Al repasar las diversas cartas, textos y materiales que en esos años escribí, confirmé que sin dudas las ideas estratégicas que ya yo tenía acerca de la toma del poder, y de otros muchos asuntos, estaban fundamentadas en una cosmovisión socialista. La Revolución cubana fue la primera y hasta hoy la única de inspiración socialista triunfante en occidente. La proeza es mayor si se toma en cuenta lo siguiente: las décadas transcurridas desde entonces, están marcados por el declive del socialismo en Europa y en la URSS.

Por esta tradición pude escribir en 1956, en carta dirigida al Presidente de México Adolfo Ruiz Cortines, en ocasión de solicitar el excarcelamiento de Fidel y los moncadistas presos en ese país, esta valoración, que publique en mi texto *Aldabonazo*:

> Cuba, honorable señor Presidente, está al borde de una revolución que transformará el orden social y político, y sentará las bases de una democracia socialista y revolucionaria. Nosotros representamos la vanguardia de esa revolución, ya que por imperativo de las circunstancias estamos en el deber patriótico de conducir al

pueblo en este minuto incierto en que el gobierno lo ha llevado a un callejón sin aparente salida.

Por esas mismas razones afirmé en un Consejo de Ministros en 1959, mucho antes de la proclamación del socialismo en nuestro país:

> Para entender a Fidel hay que tener muy presente que está promoviendo la revolución socialista a partir de la historia de Cuba, y América Latina y del pensamiento antiimperialista y universal de José Martí.

El antiimperialismo formaba parte de la conciencia de los estudiantes y de muchos intelectuales cubanos, incluso las propias ideas socialistas —como queda expuesto— se hallaban en el sustrato del pensamiento de las generaciones revolucionarias de los años 50. El programa del Moncada no tenía que proclamar ese carácter, porque además no lo poseía de manera expresa, pero su aplicación consecuente nos llevaba incuestionablemente a un enfrentamiento con el imperialismo en el orden económico y social.

Ha de destacarse la influencia y fuerza de la cultura de Marx, en la Revolución cubana. Los gestores del Moncada habían estudiado entre otras importantes figuras a Martí, a Mella y conocían la obra de Emilio Roig de Leuchsenring y de otros destacados forjadores de la conciencia antiimperialista, sabían de los efectos dramáticos de la intervención norteamericana en la guerra de independencia de Cuba, y estaban inspirados en una profunda sensibilidad moral.

La ética de José Martí, sus análisis sobre el imperialismo y el aliento llegado de la Revolución de Octubre, eran patrimonio espiritual de los jóvenes cubanos. También influían en nosotros las ideas de la Revolución Mexicana (1910-1917), la gesta contra la agresión yanqui de Augusto César Sandino y las luchas de los pueblos de América contra los gobiernos opresores, de igual forma nos influían los combates a favor de la República española. Esas causas estaban en lo más profundo del alma juvenil cubana. Por eso Fidel en el juicio oral efectuado por el asalto al cuartel Moncada, respondió al Fiscal ante una pregunta de rutina, que José Martí había sido el autor intelectual de aquellas acciones. Esto llegó a las fibras más íntimas de las nuevas generaciones; lo objetivo se encuentra en que la aplicación de aquel programa conducía al socialismo; lo sabía muy bien el imperio y por tal razón los círculos imperialistas hicieron lo indecible para impedir el triunfo de la Revolución fidelista.

Para ampliar nuestro análisis acerca de cómo llegamos los jóvenes de la Generación del Centenario al pensamiento socialista, consideremos también que en la década de 1950, muchos de nosotros no podíamos definir en sus contornos específicos el futuro a que aspirábamos. Nos basábamos en principios éticos, y en la mejor tradición latinoamericana y universal de José Martí.

No teníamos entonces "modelo" alguno, esa fue una de las razones de nuestra fortuna. Sin desconocer el interés práctico que en el orden inmediato pueda tener un diseño acertado de las acciones humanas y de sus posibles resultados, invito a no atarse filosóficamente a modelo alguno, aunque debemos mantener principios y valores éticos. Recuerdo que mi hermano Enrique, fallecido durante la insurrección contra la tiranía que oprimía a nuestro pueblo, solía decir que ninguna revolución podría ser preconcebida en sus detalles. Él era apasionadamente racional y sentía, incluso antes de que Fidel y el Moncada se nos presentaran como la revelación, que algo grande se gestaba en Cuba a partir de combatir contra el golpe de estado del 10 de marzo de 1952.

Los jóvenes que estuvimos tras los muros de las cárceles cubanas, y peleamos en el Llano y en la Sierra, teníamos sentimientos e ideas nutridas de aspiraciones redentoras venidas de una larguísima historia. La generación forjadora de la revolución socialista de Cuba, poseía lazos profundos con los pueblos de América, del mundo y con las raíces de la cultura occidental, en cuya fuente más remota está la religión de los esclavos de Roma, el Cristianismo.

A nosotros se nos educó en que el sacerdote católico Félix Varela y los maestros predecesores, retomaron de la mejor tradición cristiana el sentido de la justicia y de la dignidad humana. Se nos enseñó que los padres fundadores de Cuba relacionaron todo este acervo cultural, con el pensamiento científico más avanzado de su época. Se nos explicó que en las esencias de la cultura nacional no podía tener cabida la intolerancia, la cual no tiene para nosotros ni fundamentos culturales, ni siquiera religiosos; cuando se ha presentado ha sido por incultura o por dependencia a ideas ajenas a la tradición patriótica nacional. Nos enseñaron principios éticos y conocimos que el mejor discípulo de Varela, el maestro José de la Luz y Caballero[13], forjó a la generación de patriotas ilustrados que en unión de sus esclavos proclamaron la independencia del país y la abolición de la esclavitud en 1868. Él está en nuestro recuerdo agradecido y nos sirvió de enseñanza para promover el hilo de la historia cubana. El Apóstol lo llamó el silencioso fundador. En Martí encarnaron estas ideas y sentimientos; él les dió profundidad mayor y alcance universal.

Los enemigos de la revolución nunca han entendido, que en Cuba triunfaron las ideas socialistas sobre distintos fundamentos a los proclamados entonces como válidos; nuestro país ha sido el único en occidente donde el ideal de Marx y Engels alcanzó la victoria revolucionaria. Esto se deriva de la tradición moral de la nación cubana; nosotros llegamos al pensamiento socialista a partir de una cultura fundamentada en el crisol de ideas martianas, la cultura de la modernidad del siglo XIX, y las raíces éticas del cristianismo.

La cultura cubana tras una larga evolución llena de contradicciones, luchas políticas y sociales llevó a la Generación del Centenario a las ideas socialistas; pero desde luego la condujo también el hecho de que el imperialismo siempre apoyó a la tiranía de Batista, y a los peores gobiernos de la república neocolonial. Estos regímenes fueron el resultado de la expansión norteamericana, que había sido la gran preocupación de José Martí. Estados Unidos tenía su suerte echada con el régimen golpista de Batista. Él fue el cuadro principal del imperialismo en Cuba por 25 años antes al triunfo de la revolución (1934-1959).

La evolución histórico-social de nuestro país es radicalmente diferente a la de Europa en la que Marx concibió sus ideas, y a la de la Revolución rusa. Si seguimos rigurosamente el método de Marx, no será lógico que nos intenten imponer un esquema, como los elaborados para el viejo continente. Ya Engels señalaba críticamente a los "marxistas" norteamericanos de fines del siglo XIX, que habían interpretado mecánicamente en las condiciones de aquella sociedad, las ideas de Marx nacidas y desarrolladas en Europa; ello demuestra que muy pocas veces se entendió con el rigor adecuado el carácter dialéctico del pensamiento de estos sabios.

Apreciamos estos problemas porque estudiamos los análisis de Marx y Engels a la luz de las enseñanzas éticas y espirituales de Martí, y hemos tratado siempre de buscar la relación entre el pensamiento materialista histórico y el ideario martiano. En ambos existen diferencias en los énfasis que se han dado a lo material y a lo espiritual, pero las mismas no son antagónicas, sino perfectamente conciliables.

Si en el siglo XX el pensamiento martiano, ocultado tras la irrupción del imperialismo, fue rescatado por los marxistas de la tercera década de dicha centuria, en el XXI las ideas de Marx se fortalecerán en Cuba, y podrán ser rescatadas internacionalmente a partir de la tradición martiana.

Los cubanos invitamos a reflexionar sobre el caudal de ideas de José Martí, como una forma de evitar que el conflicto calificado por él como innecesario entre las dos secciones adversas del hemisferio, acabe en catástrofe universal. Este es el desafío esencial de la humanidad en el siglo XXI. Con su pensamiento podemos llegar a programas inspirados en el equilibrio del mundo, porque su originalidad se halla en que asumió el inmenso saber universal y lo volcó hacia la acción política, lo expresó en los planos más altos de la literatura, y lo orientó sobre el fundamento de la justicia en favor de los pobres; lo expresó con belleza poética en su conocido verso: "Con los pobres de la tierra / Quiero yo mi suerte echar".

Todos estos aspectos constituyen claves esenciales para llegar a una concepción del mundo sobre el fundamento de la justicia y la solidaridad entre los hombres. Este crisol de ideas analizado en relación con el mejor pensamiento filosófico universal, pone de manifiesto una carga de ciencia y utopía, de realidad y sueño como la requerida para alcanzar un mundo mejor.

El Sr. G.W. Bush ha hablado del eje del mal, debemos contestarle que para la modernidad necesaria, es imprescindible buscar el eje del bien, y este se halla en apegarse firmemente a estos componentes esenciales: cultura, ética, derecho y política solidaria; todo lo contrario a la estrategia oligárquica de los Estados Unidos.

Cada día se hace más necesario estudiar y promover la Cultura de Liberación. Dos pensamientos de José Martí pueden servirnos de puerta de entrada a la misma: "Con todos y para el bien de todos", e "Injértese en nuestras repúblicas el mundo; pero el tronco ha de ser de nuestras repúblicas". Ellas se entroncan con una aspiración emblemática para el siglo XXI: coronar la Edad de la Razón con principios éticos, única manera racional de actuar.

En esta historia se internó mi vida en los años cincuenta, a ella llegué por una línea de pensamiento y sentimientos que identifico con los recuerdos de la infancia. Las ideas de justicia y la búsqueda de equilibrio se encuentran en sus raíces más intimas. Asumí estos valores y convicciones con un sentido ético trasmitido por la familia, la escuela y la tradición cultural cubana, cuyo punto más elaborado está en José Martí, para mí todo empezó como una cuestión de carácter moral.

En cuanto al futuro de Cuba deben tener muy en cuenta los enemigos de nuestro país, este pensamiento de nuestro Apóstol: "un error en Cuba, es un error en América, es un error en la humanidad moderna".

Con estas concepciones y sentimientos hemos podido interpretar desde el Caribe y América Latina, las esencias universales y liberadoras, y por tanto antidogmáticas de Marx y Engels.

I. EN DEFENSA DE LA CONTEMPORANEIDAD DE LAS IDEAS DE MARX Y ENGELS

Volvamos a leer Engels[14]

En el número de abril-julio de 1990 de la revista *Cuba Socialista*, publiqué un texto de Lenin sobre el problema de las nacionalidades cuando la integración de la URSS, en las condiciones del imperialismo y el surgimiento de los movimientos de liberación nacional. Ahora invito a leer la carta de Federico Engels a José Bloch, fechada en septiembre de 1890, y otros textos del propio Engels relacionados con el tema expuesto en la citada carta.

Nuestro objetivo con la lectura de estos materiales es contribuir a recordar las ideas de los clásicos relacionadas con los problemas prácticos e inmediatos presentes a nuestra vista. Entre ellos se encuentra la necesidad de combatir la calumnia lanzada contra el marxismo en el sentido de presentarlo como un "dogma", o como una doctrina que cierra el paso al conocimiento y al análisis de nuevas realidades. El asunto es más complejo, porque a esta infamia han ayudado no pocos "marxistas", quienes con un pensamiento ya sea escolástico o pragmático, han pretendido convertir las ideas de los clásicos en un "catecismo", y lanzarse por el mundo con la etiqueta de socialistas, para practicar las más diversas formas de oportunismo.

La ignominia, la ignorancia y la calumnia hicieron aparecer los luminosos pensamientos de los creadores de la filosofía de la praxis, como dogmas que le cerraron el paso a la verdad, la ciencia y al crecimiento de una ética universal. Lo triste de estos casos es la tergiversación que el crimen y el error tendieron sobre la obra de estos gigantes, porque se tomaron como generadores de dogmas y doctrinas inviolables y de acatamiento irreversible. Por el contrario, con pasión y talento indicaron y encontraron las vías y caminos de la redención humana; sus ideas ayudaron a la emancipación de pueblos que antes vivían en la más espantosa miseria, y se convirtieron en guías indiscutibles del pensamiento revolucionario del siglo XX.

La esencia antidogmática y ética de las ideas Marx y Engels, podemos encontrarla en el siguiente fragmento de su carta dirigida a José Bloch en 1890 donde dice:

> ...Según la concepción materialista de la historia, el factor que en *última instancia* determina la historia es la producción y la reproducción de la vida real. Ni Marx ni yo hemos afirmado nunca más que esto. Si alguien lo tergiversa diciendo que el factor económico es el *único* determinante, convertirá aquella tesis en una frase vacua, abstracta, absurda[15].

Ante la grave crisis del pensamiento socialista, combatir dicha calumnia resulta imprescindible para la cabal comprensión del materialismo histórico, en las situaciones creadas en los finales del siglo XX. ¿Será el marxismo capaz de brindarnos los instrumentos necesarios para analizar una realidad nueva, no prevista por los fundadores del socialismo científico?, e incluso ¿será el marxismo capaz de valorar críticamente los resultados de la propia práctica socialista? Quienes lean con cuidado los textos de los clásicos del marxismo y asimilen las esencias del pensamiento de Marx, Engels y Lenin, no tendrán la menor duda de la necesidad de ir a sus fuentes originales, para interpretar y estudiar lo que realmente ha pasado, con vistas a orientar las acciones de hoy y de mañana.

Por incomprensible que parezca a muchos el marxismo y el leninismo, no son un dogma cerrado que impida el conocimiento de lo nuevo; son precisamente todo lo contrario. Se trata de una espiral que obliga permanentemente y por razones de su propia naturaleza a analizar comportamientos nuevos presentes en la vida real. Para quien esté interesado en confirmarlo le recomendamos estudiar con rigor a Engels, y relacionar sus planteamientos con los hechos objetivos de la realidad actual.

Aprendamos la lección de Lenin, el mejor discípulo de Marx, quien a partir de sus pensamientos fue capaz de descubrir y describir situaciones que no estaban presentes en la época de los fundadores. Así aportó nuevas ideas para enriquecer el materialismo histórico con el análisis del imperialismo.

Lo primero es recordar a Marx como el más importante científico social de la historia de la cultura universal, y los científicos sociales son antidogmáticos. Con una visión científica podemos extraer las verdades más profundas, y las enseñanzas más importantes del período histórico comprendido en las últimas décadas, así como analizar los problemas del mundo contemporáneo.

Debemos insistir en la necesidad de interrelacionar la teoría con la práctica y entender el juego de sus relaciones. No es correcto elevar tal o cual decisión específica de una coyuntura histórica o política válida para ella, a la categoría de estrategia a largo alcance. Por ahí andan algunos de los errores teóricos cometidos. El pensamiento abstracto y filosófico sólo tiene valor en sus vínculos con la práctica, y con el movimiento real de los sucesos históricos, presentes en forma contradictoria en la vida.

Esto es muy importante para quienes emprendan el camino de los estudios filosóficos, y sientan vocación para analizar el papel de la teoría y del pensamiento abstracto en la sociedad. Los profesores de estas disciplinas deben enseñar a relacionar las ideas expuestas por los clásicos, con los fenómenos objetivos de la historia. Quien pretenda impugnar tal o cual idea de Marx, Engels y Lenin, porque no operó exactamente así en la vida, está olvidándose de su pensamiento revolucionario, está pasando por alto la advertencia de Lenin cuando señaló que el marxismo es una teoría para la acción, no una receta.

Una concepción filosófica halla su validez, si puede servir para interpretar o reconocer hechos objetivamente existentes, pero la vida real no se reduce a lo que tenemos ante nuestros ojos, y podemos observar de una manera inmediata. Si así fuera, resultaría tan fácil elaborar una línea política o revolucionaria como "resolver una ecuación de primer grado". Los hechos históricos sólo pueden interpretarse científicamente sobre el fundamento de estudiar su evolución dialéctica y contradictoria. Apreciar la historia como una simple sucesión de hechos, sin estudiar su concatenación o trabazón interna, y sin considerar que el desarrollo de la misma se produce en medio de la lucha de contrarios, sin tomar en cuenta la complejísimas relaciones de causas y efectos, equivale a perderse en el mar de lo anecdótico y a no extraer conclusiones válidas para orientar nuestra acción.

Un planteamiento fundamental del marxismo está en que al estudiar la evolución histórica, el movimiento económico se impone como tendencia principal en última instancia. También podrá observarse como los factores de la superestructura y las decisiones de los hombres, profundamente interrelacionadas con esa tendencia principal, influyen de una manera muy importante; pero no cabe considerar al "factor económico" como el único de peso. La acción humana influida por un condicionamiento de carácter superestructural, desempeña un papel muchas veces decisivo, y sobre todo para emplear la propia expresión de Engels, "determina sus formas". Si ello es así, la esencia del problema de la interpretación histórica está en la capacidad para determinar cuáles son los hilos principales de un período dado. Engels dijo que si se analiza un corto lapso de tiempo, diversos factores políticos, económicos, jurídicos y militares pueden influir; pero tan pronto como se observa un largo período, se impone como tendencia el movimiento económico. Por esto es importante determinar el factor económico para conocer la trayectoria del período pasado, porque ello nos servirá a su vez, para valorar los factores que puedan determinar el futuro, en la medida en que lo vivido influye sobre lo que se va a vivir. Para este análisis los revolucionarios debemos recordar la tesis leninista de la ruptura del sistema capitalista por su eslabón más débil; punto de partida de la gloriosa Revolución de Octubre.

Debemos analizar los acontecimientos objetivos más importantes del siglo XX, los cuales nos permitan descubrir las tendencias y líneas principales del desarrollo del capitalismo y su proceso de decadencia. Uno ha estado en la revolución científico-técnica de dicha centuria, y su influencia sobre la elevación de la productividad del trabajo, alcanzada por los países capitalistas industrializados del más alto nivel de desarrollo. Es necesario analizar sus efectos sobre la economía, la composición social y de clases, de los trabajadores en general, y en particular del proletariado de dichos países. Otra tendencia importante es el neocolonialismo, y la intensificación de la explotación del Tercer Mundo por las potencias más adelantadas del capitalismo, y por consiguiente el crecimiento (que ya Lenin veía germinalmente), del movimiento revolucionario en los llamados países atrasados. Si se analiza un factor y no se relaciona con el otro, podrá llegarse a conclusiones inexactas, y no se podrá influir en el progreso de las ideas socialistas, porque se habrán ignorado tendencias económicas importantes a considerar para el triunfo del movimiento revolucionario a escala internacional.

El incremento de la productividad del trabajo en los países capitalistas más desarrollados, la explotación neocolonial del Tercer Mundo por las potencias imperialistas (específicamente por los Estados Unidos), facilitaron fuentes de recursos económicos para aplazar o aminorar la crisis de las sociedades capitalistas, y para condicionar el papel de la clase obrera en dichos países. Por estas razones si queremos ser marxistas consecuentes, estamos obligados a plantearnos la lucha de clases a una escala mucho más amplia y compleja a la de Europa en la época de Marx, e incluso en la del propio Lenin; aunque este último avizoró el problema principalmente en los años finales de su vida, y advirtió la importancia creciente que iba tomando el movimiento revolucionario en algunos países de Asia.

Hay otro hecho histórico muy relacionado con el anterior, de utilidad para el análisis de la lucha de clases a escala internacional. El sistema imperialista logró internacionalizar los medios de producción, a una escala como no estaba presente en la época de Marx. Esto se reflejó en el plano ideológico y cultural más amplio, a través del dominio creciente de los medios de comunicación y difusión de masas. He aquí uno de los problemas a profundizar por los marxistas contemporáneos, si tienen interés de influir a través de las ideas socialistas.

El socialismo se mantuvo un tanto aislado y no logró jamás una verdadera internacionalización de los medios de producción. Los "vínculos económicos socialistas", tuvieron una buena carga administrativa, y no económico social, y quedaron reducidos, o por lo menos muy restringidos en el marco de las fronteras nacionales, o de un grupo de países que históricamente (al menos desde el punto de vista económico), eran los más atrasados.

El fenómeno nacionalista (de fundamento reaccionario europeo), en función de factores económicos profundos, condujo al nazi fascismo, en la primera parte de la época comentada, y luego frenó en diversos países socialistas el crecimiento y fortalecimiento de los principios internacionalistas presentes en la médula del marxismo-leninismo. Los resultados de la Segunda Guerra Mundial y sus conclusiones más importantes derivadas de los acuerdos de Yalta y Postdam, es un hecho histórico de profunda raíz económica relacionado con criterios geopolíticos, predominantes por razones de basamentos económicos.

No es nuestra pretensión evaluar si esto pudo tener lugar de otra forma. Pero si no somos deterministas, y creemos como Engels en la diversidad de variantes que pueden tener lugar en la historia; apreciaremos como uno de los más grandes déficit de las últimas décadas, el no advertir las tendencias económicas más profundas que se estaban produciendo. Así como no extraer las conclusiones acertadas en relación al hecho reconocible, sobre todo desde hace más de 40 años, de que la lucha de clases había adquirido un carácter universal, y de que en ella podía desempeñar un papel cada vez más destacado, el Movimiento de Liberación Nacional de los países de Asia, África y América Latina.

La lucha económica, política y social, pasaba por las vías de los intereses clasistas de cada nación en particular. En los países del Tercer Mundo el nacionalismo ejercía un papel revolucionario, precisamente por las razones de la explotación imperialista; y a ello no se le extrajo las consecuencias revolucionarias debidas. El rol diferente desempeñado en Europa por los intereses nacionales, respecto al jugado por el mismo en los países subdesarrollados, estaba marcado por factores de carácter económico, no comprendidos en la práctica del socialismo real.

El pensamiento revolucionario sólo saldrá del círculo vicioso en que está inmerso, cuando asimile las reflexiones de Marx y Engels de forma absolutamente distinta a como se hizo en el siglo XX. Debemos asumir los principios del marxismo, como un cuerpo de ideas y pensamientos que no aspira a revelar "verdades eternas", sino a orientar y alentar la liberación social del hombre a partir de los intereses de los explotados del mundo. Los que así lo hicieron en la historia del siglo XX, generaron verdaderas revoluciones sociales, ustedes conocen los ejemplos.

Sin embargo, no se entendió a Fidel y al Che, que eran los genuinos representantes de la más certera interpretación del pensamiento de Marx y Engels en la segunda mitad del siglo XX. No se comprendió así que los objetivos de la liberación nacional tal y como ellos lo plantearon, en los inicios de la década del 60, originaran el generoso intento del Guerrillero Heroico cuando trató de "tomar el cielo por asalto", este era un elemento clave de la lucha de clases a favor de la liberación de los explotados en la Época Moderna. El ejemplo imperecedero del Che persiste, porque junto a Fidel representa al verdadero comunista.

En las últimas décadas los más importantes sucesos revolucionarios tuvieron lugar en el llamado Tercer Mundo. Lo señalamos para mostrar las certezas de los planteamientos de la Revolución cubana en los umbrales del triunfo de enero de 1959, la historia nos dio la razón, pero lo hizo en forma de tragedia.

Subrayamos lo de la diversidad de variantes que presenta la

historia, expresada en los textos de Engels, porque ello nos permite comprobar que el marxismo-leninismo no es un dogma. Él destaca que la reproducción de los hechos en la historia sólo ocurre por excepción y siempre que tenga lugar lo hará en una variabilidad de condiciones; afirma: "cuando por excepción se llega a conocer el encadenamiento interno de las formas de existencia social y política, se produce regularmente en el momento en que esas formas han vivido ya la mitad de su tiempo, en que están ya declinando". El propio Engels no se excluye de no haberse percatado del encadenamiento real de los hechos hasta "después de la fiesta".

Como decíamos, para Lenin el marxismo es una guía para la acción; nadie puede adivinar el futuro en sus contornos específicos, ni en todas sus formas y entrelazamientos. Sólo se puede valorar a grandes rasgos y prever las tendencias más generales del desarrollo, sobre el fundamento del análisis de las líneas principales del pasado inmediato. He ahí la importancia para descubrir el curso posible de los acontecimientos futuros de aquellos rasgos inconfundibles del tiempo transcurrido. El pensamiento científico en el terreno de la sociedad y de la historia, se hace pues infinitamente más complejo que en las ciencias naturales. Aquí las variantes son más numerosas porque se trata de acciones y reacciones en un paralelogramo de líneas infinitas.

Las tendencias económicas acaban siempre imponiéndose como resultado final de un largo período. El pensamiento de Marx, Engels y Lenin es pues necesario estudiarlo desde esta óptica. Sólo sus ideas nos permitirán abordar los problemas del presente y el futuro, no para hacerlo exactamente igual y como ellos lo dijeron, porque eso sería traicionarlos.

Aunque algunos se empeñen en negarlo, existe una profunda interrelación entre la cultura de diferentes sabios. No hay Einstein sin Newton; no hay Ciencias Naturales en el siglo XX sin Einstein; no hay Lenin sin Marx; no habrá pensamiento científico moderno sin Marx, Engels y Lenin.

La realidad es testaruda y las contradicciones entre explotadores y explotados, el carácter violento de las mismas, el juego dialéctico de las acciones y reacciones recíprocas, así como el hecho de que el movimiento económico acaba a la postre como tendencia por imponerse, no le resta valor al papel desempeñado por los hombres tal y como con claridad y brillantez exponen Marx y Engels en sus textos; ellos están en posibilidad de influir a favor o en contra del curso revolucionario de la historia.

El marxismo-leninismo en la contemporaneidad demanda investigar las tendencias económicas más importantes de los tiempos transcurridos, hacerlo con un criterio de carácter universal y defendiendo los intereses de las masas explotadas del orbe. De otra forma no se hable de marxismo-leninismo, ni de internacionalismo; el socialismo es de aspiración internacional o no es socialismo.

Engels nos orienta a procurar la investigación acerca de las tendencias económicas esenciales, y además de los factores súper estructurales que influyeron en la historia vivida, y pueden hacerlo en el curso de la historia por vivir; sólo así nuestras acciones estarán orientadas revolucionariamente.

En 1890 en carta a Conrado Schmidt, fechada en Londres, Engels afirma:

> La concepción materialista de la historia también tiene ahora muchos amigos de ésos, para los cuales no es más que un pretexto para no estudiar la historia.[16]

Marx había dicho a fines de la década de 1870, referente a los "marxistas" franceses: Lo único que sé es que no soy marxista.[17]

Un siglo de tergiversaciones hicieron crecer el número de estos "marxistas", hasta el extremo de hacer prevalecer una interpretación del materialismo histórico precisamente la opuesta a la de Marx y Engels. Por esto tiene una vigencia enorme aquella expresión del autor de *El capital* que repito: "Lo único que sé es que no soy marxista". Quería utilizar esta frase como título del presente trabajo, pero no lo hice para evitar confusiones, porque me siento cada vez más apasionado defensor de la cultura de Marx.

Por estas razones, para conocer cuál es el aporte de estos sabios, debemos ir a aquellas fuentes que nos permitan rescatar su luminoso pensamiento de la pobreza y la mediocridad intelectual, que en más de 80 años contados desde la muerte de Lenin, han conducido al caos donde se encuentra hoy el llamado pensamiento de izquierda. Estas dos grandes figuras de la cultura filosófica y social europea, permanecen vigentes si sabemos extraer las esencias de sus pensamientos. Subrayo las siguientes citas donde nos aclaran qué entienden por comunismo y por sociedad socialista:

> Para nosotros, el comunismo no es un estado que debe implantarse, un ideal que ha de sujetarse a la realidad. Nosotros llamamos comunismo al movimiento real que anula y supera el estado de cosas actual. Las condiciones de este movimiento se desprenden de la premisa actualmente existente.[18]
>
> La llamada "sociedad socialista", según creo yo, no es una cosa hecha de una vez y para siempre, sino que cabe considerarla, como todos los demás regímenes históricos, una sociedad en constante cambio y transformación. Su diferencia crítica respecto del régimen actual consiste, naturalmente, en la organización de la producción sobre la base de la propiedad común, inicialmente por una sola nación, de todos los medios de producción.[19]

La frase *"sociedad socialista"* fue puesta entre comillas por el propio Engels. Nosotros sólo nos hemos permitido subrayarla, para destacar que ellos no hablaron propiamente de sociedad socialista, sino de desarrollar la revolución para arribar a la sociedad más justa, que sería la socialista. Pero es más, lo que en el siglo XX, se llamó sociedad socialista, obviamente no la llegaron a conocer. Sin embargo, bien se sabe que tales "sociedades socialistas", se tomaron como guía única para interpretar el pensamiento de Marx y Engels. No rechazamos la herencia socialista del siglo XX, pero nos acogemos al principio de una vieja institución del derecho romano: aceptar las herencias a beneficio de inventario. Esto para no tener que pagar las deudas, sino solamente recibir el haber.

Nosotros los cubanos nos proponemos hacer el "inventario", con la orientación de los textos originales de Marx, Engels, Lenin, Gramsci, Mariátegui, Julio Antonio Mella y Rubén Martínez Villena, entre otros grandes pensadores. También incluimos las ideas de Martí, que no fue marxista, de la misma forma que Marx tampoco fue martiano, y no por eso dejamos de considerarlo en el más alto sitial de nuestros sentimientos.

Engels también nos afirma:

> la historia se hace de tal modo, que el resultado final siempre deriva de los conflictos entre muchas voluntades individuales, cada una de las cuales, a su vez, es lo que es por efecto de una multitud de condiciones especiales de vida; son, pues innumerables fuerzas que se entrecruzan las unas con las otras, un grupo infinito de paralelogramos de fuerzas, de las que surge una resultante −el acontecimiento histórico−, que a su vez, puede considerarse producto de una fuerza única, que, como un todo, actúa sin conciencia y sin voluntad. Pues lo que uno quiere tropieza con la resistencia que le opone el otro, y lo que resulta de todo ello es algo que nadie ha querido.[20]

Con honestidad y sinceridad que no ha hecho siquiera meditar a muchos de los llamados marxistas continúa diciendo:

> El que los discípulos hagan a veces más hincapié del debido en el aspecto económico, es cosa de la que, en parte, tenemos la culpa Marx y yo mismo.[21]

7 de noviembre[22]

Hoy se cumple un nuevo aniversario de que en Petrogrado se dispusiera: "Todo el poder a los soviet", y de que los bolcheviques (el ala mayoritaria, más radical y consecuente de la socialdemocracia rusa), dirigidos por Lenin, tomaran el cielo por asalto e iniciaran la más influyente revolución social del siglo XX. Los soviet fueron una nueva forma de estado, organizada sobre el fundamento de la mayor democracia que jamás haya existido, el gobierno de los trabajadores. Las heroicas jornadas de octubre —como las describió el periodista norteamericano John Reed— estremecieron al mundo. Se abrió una nueva época para la humanidad, marcada por la Revolución rusa y sus resultados ulteriores. Ningún hecho posterior puede opacar la grandeza de los bolcheviques rusos. A pesar del desenlace dramático del sistema soviético, debemos destacar el significado de aquellos sucesos y la validez de las ideas en nombre de las cuales se llevaron a cabo. Para ello se requiere un examen desde la óptica del pensamiento de Marx; Engels y Lenin, de la trama histórica que comenzó a gestarse entonces.

Hasta hoy los análisis han sido realizados en lo fundamental por los enemigos del socialismo y por los que han abandonado las ideas del marxismo. Se han hecho sirviendo a los intereses conservadores y de forma fragmentada, parcial e incompleta. La historia enfocada de esta manera arroja resultados perjudiciales a las más nobles y justas aspiraciones de los explotados y de la humanidad en su conjunto.

Sobre el presupuesto real de que la interpretación marxista de la sociedad se transformó en un rígido esquema, donde se intentaba aprisionar la realidad con fórmulas preestablecidas, se niega la posibilidad de elaborar un análisis científico de la historia, y por ende de las raíces del desastre. Se paralizó y desvió el progreso del pensamiento socialista y concluyó en un callejón que no tuvo otra salida que la hecatombe ocurrida. ¿Podría haber sucedido de otra forma? Teóricamente esto era posible.

Para Lenin la cooperación más la cultura sobre el fundamento del poder revolucionario, era lo esencial para la edificación de la vida socialista. A fin de asegurarla es necesario el respeto a los individuos, el funcionamiento de los colectivos en todos los eslabones de la sociedad y la creación de un clima político y psicológico favorable para tales empeños. Sólo a partir de estos presupuestos puede operar con eficacia la exigencia de responsabilidades individuales y estas deben formalizarse en principios éticos, jurídicos y culturales.

En el sentido más profundo de lo sucedido en 1917, hay una clave maestra para el análisis de la realidad de nuestros días. Ha desaparecido la Unión Soviética, pero no las situaciones económicas y sociales que la generaron; similares realidades a las existentes en la Rusia de 1917, se observan hoy a escala universal. En el Tercer Mundo e incluso en el seno de los países capitalistas desarrollados, está presente en forma ampliada la combinación explosiva que originó la revolución social de 1917: crecimiento económico burgués (anárquico por naturaleza), incremento progresivo de la pobreza e injusticia social, y presencia con influencia creciente de círculos intelectuales de alta cultura política y filosófica. Estos problemas adquieren especial significado en las grandes urbes, cuya población crece en proporción geométrica, y se están creando hacinamientos los cuales prefiguran conflictos sociales de extrema gravedad.

Con las modernas facilidades de comunicación, las relaciones sociales y humanas, y los movimientos migratorios, se complejizan estas contradicciones. Las mismas llegarán a provocar antagonismos en extremo conflictivos. Existe un desbordamiento del caos por todos los poros de la vida económica, social, cultural y política a escala universal, que podemos caracterizar como explosión del desorden; incluso está afectando de manera creciente la ecología, la atmósfera y a la naturaleza toda.

A los cubanos nadie nos puede inventar historias sobre lo sucedido en el desenlace del socialismo en Europa Oriental y la URSS, porque lo hemos vivido desde la perspectiva de la izquierda revolucionaria, antiimperialista y socialista. Pero debemos estudiar no sólo el derrumbe, sino también el hilo esencial de más de siete décadas de historia revolucionaria.

Es importante tener en cuenta algunas enseñanzas dejadas en estos años por el socialismo en el mundo:

1. Las hazañas de 1917 y de los años en que Lenin tuvo la conducción del proceso revolucionario ruso, constituyen hitos de valor ejemplar e imperecedero en la lucha de los pueblos por la conquista de la libertad.

2. Durante varias décadas los comunistas y el pueblo de la URSS libraron batallas colosales y alcanzaron en los campos económico, social, político, cultural y militar grandes avances. En un relativo corto tiempo histórico convirtieron al empobrecido y explotado país heredado, en una potencia mundial de primer orden.

3. Por diversidad de razones el proceso se desvió de su ruta inicial, se produjo una grave descomposición y tuvieron lugar errores los cuales la historia no puede pasar por alto. La causa inicial de estas tragedias se halla en las debilidades internas del proceso ocurrido tras la muerte de Lenin.

Lo sucedido desde 1985 hacia acá, no es la causa, sino la consecuencia de estos problemas. Fidel y el Che lo denunciaron desde la década de 1960, con sólidos fundamentos y posiciones revolucionarias. Se toma como base la desaparición del socialismo en Europa Oriental y la URSS, para desacreditar el marxismo. Desde esta lógica simplista podríamos llegar a negar el aporte a la cultura política universal de los enciclopedistas, porque se restauró la monarquía en Francia, y esta última demoró largo tiempo antes de establecer un sistema republicano estable. También se podría llegar al disparate de culpar a Cristo y al cristianismo de la Inquisición.

Le atribuyen al ideal socialista las faltas cometidas, como si tales males le fueran inherentes y no hubieran estado presentes en la historia anterior y posterior al socialismo. De eso se trata, porque lo ocurrido tuvo su origen en la subestimación de los factores de carácter subjetivo, ello limitó el desarrollo teórico del pensamiento revolucionario y lesionó su práctica. Como advirtió la Revolución cubana, tales factores subjetivos tienen una mayor importancia de la asignada por la interpretación marxista predominante en el siglo XX. Se ha confirmado en la práctica que no hay socialismo sin una elevada eticidad.

Los cubanos lo podemos entender porque asumimos los descubrimientos científicos, económicos y sociales de Carlos Marx, desde la cultura espiritual y ética de nuestra América. Nos guiamos por el pensamiento del autor de *El Capital* porque sus aportes nos sirvieron para interpretar la historia del hombre, nos brindaron claridad en el estudio de la evolución económica y social de Cuba y de América Latina, nos dieron los métodos de análisis para comprobar científicamente la raíz popular de nuestro patriotismo, nos enseñaron que la contradicción entre ricos y pobres era —en última instancia— la razón de fondo de la tragedia social, y de hecho nos mostraron como la lucha revolucionaria por vencer las desigualdades socioeconómicas, es fundamento de una ética de valor universal.

La historia de la sociedad humana sigue siendo la historia de la lucha entre explotados y explotadores, denunciada por C. Marx y F. Engels en el *Manifiesto Comunista* de 1848. En los tiempos posteriores a la caída del Muro de Berlín, se hizo evidente que las contradicciones entre identidad, universalidad y civilización eran la forma principal adoptada por el antiquísimo drama social. Repásense las páginas de los periódicos y analícense los acuerdos del Consejo de Seguridad de la Organización de Naciones Unidas, y se apreciará como tales conflictos están en el vórtice de la tormenta. Esta se gesta en el Tercer Mundo, pero, cuidado, porque en los países desarrollados también hay un Tercer Mundo. Estas contradicciones sólo pueden ser entendidas a partir de los métodos y principios científicos del materialismo histórico.

El inmenso legado de Marx, Engels y Lenin, se articuló en la cultura política de nuestro país con el pensamiento universal y antiimperialista de José Martí; no vamos a renunciar a este legado porque hacerlo, sería además de una traición, una expresión de incultura y de falta de realismo político. El 7 de Noviembre de 1917 se conjugó lo mejor del pensamiento de la intelectualidad política europea, con el espíritu revolucionario de la clase obrera rusa y la lucha de los campesinos por la tierra y sus derechos.

Para defender los intereses de las masas trabajadoras y explotadas, debemos exaltar la historia de la cultura humana desde la más remota antigüedad hasta este fin de milenio, sin traumas ni "ismos" ideologizantes, que desde los tiempos del mítico Prometeo encadenado, vienen imponiéndole freno de forma dramáticamente recurrente a la imaginación, la inteligencia, la ternura y al espíritu solidario y asociativo potencialmente vivo en la conciencia humana.

Las ideas y principios de los forjadores trascienden por encima de las coyunturas. Desde Cristo y Espartaco, hasta Marx, Engels y Lenin, hay una historia de retrocesos y avances, pero ha quedado erguida la imagen e ideas de los redentores; entre ellos están Lenin y los bolcheviques rusos de 1917. Mientras haya humanidad, estos legendarios combatientes vivirán en el recuerdo agradecido de los luchadores por la libertad.

Marx, Engels y la Condición Humana[23]

I

Honramos a Federico Engels en el centenario de su muerte, porque él es una de las claves de la cultura universal en la milenaria lucha del hombre por su redención. En la exaltación de estos valores se halla la enseñanza más importante de Engels y de su amigo Carlos Marx. Su originalidad reside en haberlo hecho sobre el fundamento de la investigación científica y con métodos de este carácter. Se trató de un esfuerzo en el que ciencia y conciencia lograron conjugarse para producir una creación intelectual y moral, como poquísimas veces se ha alcanzado en la historia. El egoísmo opone feroz resistencia a tan generosos propósitos, pero la historia acaba situando a estos hombres en sus cumbres más elevadas, entregándoles reconocimiento y gratitud. También les recordamos porque como verdaderos artífices de la historia, supieron enlazar la cultura y la lucha del hombre por su liberación. Es difícil encontrar una síntesis de ciencia, cultura y empeño redentor con tan alta escala de grandeza y trascendencia; ella estuvo también presente en Martí.

No es posible deslindar los méritos científicos de Engels de los de Marx. Los mismos están condensados en la pieza oratoria breve, sencilla, certera pronunciada por Engels, ante la tumba de su ilustre amigo, en el Cementerio de Highgate, en Londres. Aquellos párrafos terminan con una idea clave, "Marx y su obra vivirán a través de los siglos"; a más de cien años de distancia podríamos decir exactamente lo mismo. En el memorable texto describe los grandes descubrimientos filosóficos y científicos de Marx, y destaca que era "sólo la mitad del hombre", e inmediatamente reseña con amor al luchador y combatiente comprometido con la causa de los pobres y explotados del mundo.

Es difícil encontrar en la historia dos sabios unidos por una relación tan entrañable e identificación tan profunda. El ejemplo de esa amistad es uno de los valores humanos más extraordinarios de la historia. El sólo hecho de que no surgieran celos e incomprensiones, poseyendo los dos cualidades suficientes para andar cada uno proclamando las verdades que descubrieron, habla del valor de la lealtad y de la devoción forjada por la certeza de sus contribuciones. Ha de destacarse la modestia de Engels, porque es difícil encontrar un sabio con tanta humildad; conociendo a los hombres en sus virtudes y pasiones nos percatamos de la excepcionalidad de esta amistad.

Para quienes consideran a la filosofía como algo distante de las situaciones concretas, les subrayamos uno de los hallazgos de Marx y Engels: facilitar métodos y principios eficaces para el análisis de los hechos encaminados a la transformación material y social en favor de la libertad y la conquista de la felicidad.

Nadie había elevado al hombre de manera tan consecuente, profunda y original como agente fundamental de la práctica social, económica y política; ni le había abierto en el plano de la filosofía, un camino de más vasto alcance al ejercicio de su libertad. Nadie había explicado con tanto rigor científico que sus fundamentos están en primer lugar en la conciencia humana; algunos habían hecho suya esta hermosa verdad, pero a ellos les correspondió el honor de confirmarla en el terreno filosófico y científico más exigente.

Tales revelaciones sólo podían hacerse a partir de una larga evolución de la cultura y del alto nivel de desarrollo de las ciencias y el pensamiento alcanzado en Europa en la decimonónica centuria.

No se puede hablar de filosofía y de ciencia en los dos últimos siglos, sin colocar a Carlos Marx y a Federico Engels en las cumbres de las mismas. En nombre de sus ideas se cometieron graves errores, pero al enjuiciarlos a la luz de sus descubrimientos, se confirma en forma dramática la validez de sus principios y métodos. No hay cuerpo de ideas de trascendencia en el que algunos de sus discípulos, continuadores o simplemente quienes dijeron ser sus intérpretes, no hayan violado y transgredido las enseñanzas de los sabios y profetas. Sin embargo, cuando las verdades descubiertas representan una necesidad objetiva de la sociedad, superan estos dislates y acaban reapareciendo de modo sorprendente y en forma diferente, pero con la pureza de su sentido original.

A quienes todavía permanecen embriagados con la caída del Muro de Berlín, les recordamos la vigencia renovada de las ideas de las grandes figuras intelectuales y morales desde la antigüedad y a lo largo de los siglos. Si son válidas renacen décadas y aún siglos después, con la originalidad y riqueza de los nuevos tiempos, cuando parecían apagarse en el recuerdo humano emergen sobre el olvido, la arrogancia y la ignorancia de los hombres.

Se podrán destruir estados y muros, pero los principios de fundamentos humanistas y valor científico, sirven de aliento y guía a la búsqueda de la verdad y la felicidad humana; no se extinguen, quedan en la historia y dejan huellas y enseñanza, vigentes mientras exista humanidad.

II

Examinemos algunas ideas de Engels ilustrativas de la potencialidad y actualidad de sus descubrimientos. Ellas muestran el valor del materialismo histórico, precisamente porque significan todo lo contrario a una doctrina dogmática y un esquema cerrado. El materialismo de Marx y Engels, es la llave necesaria para abrir el camino del conocimiento científico de la historia y la sociedad.

De manera amplia y detallada Engels refutó al determinismo sobre sólidos fundamentos filosóficos. Léanse sus conclusiones filosóficas en *Dialéctica de la naturaleza*[24], y se verá como nunca en la historia de la filosofía se ha podido rebasar sobre bases científicas y culturales el progreso logrado por estos sabios. Más allá de sus aportes y descubrimientos todo es misterio, ignorancia o Dios, como quiera caracterizarlo la conciencia individual de cada persona. De esta forma el pensamiento materialista es llevado a sus últimos extremos; esto sólo puede hacerse al vincularlo con la dialéctica. El pensar científico-social (histórico) y la filosofía alcanzan su plenitud. La cuestión del más allá, acaba referida a la libre decisión de la conciencia personal. ¿Qué más puede pedírseles a la ciencia y la filosofía?

Engels fue el primero en alertar sobre los peligros de dogmatizar y reducir la riqueza dialéctica de la filosofía marxista. A ello se refirió en 1895 en carta Wagner Sombart cuando dijo:

toda la concepción de Marx no es una doctrina, sino un método. No ofrece dogmas hechos, sino puntos de partida para la ulterior investigación y el método para dicha investigación. Por consiguiente, aquí habrá que realizar todavía cierto trabajo que Marx en su primer esbozo, no ha llevado hasta el fin[25].

El porvenir —como lo confirmó Lenin— no puede construirse con fórmulas, modelos o esquemas rígidos, que por demás ninguno de estos sabios estableció. Para la interpretación de la historia pasada, el materialismo de los clásicos tiene la fuerza de su comprobación científica, y para la del futuro, sus ideas se presentan como pautas para la ulterior acción del hombre.

Quienes desde el bando conservador o reaccionario refutan su pensamiento acusándolo de dogma fijado en un rígido determinismo filosófico, o los que consciente o inconscientemente lo tratan de igual forma bajo las banderas revolucionarias, incurren en un mismo error; pero los primeros son más consecuentes con sus intereses que los segundos.

El énfasis de Engels sobre todo tras la muerte de Marx, en luchar contra reducciones, tergiversaciones de "izquierda" y "derecha", y simplificaciones de la producción teórica marxista, tenía un interés práctico: situar al hombre en su verdadera dimensión, como sujeto en la trama histórico-social, ello equivalía a la posibilidad de potenciarlo para la acción revolucionaria. También insistió en la importancia del tejido dialéctico entre la base y la superestructura, y enfatizó en el valor de los factores subjetivos, sobre estos temas señaló: "lo hemos descuidado todos, me parece, más de lo debido".

Pero estas conclusiones no fueron comprendidas ni se le extrajeron todas las consecuencias prácticas en la interpretación del "pensamiento marxista" prevaleciente tras la Segunda Guerra Mundial. Ahora bien, los vínculos entre la base material y la cultura (lo que se llama superestructura), se establecen por medio de las relaciones desarrolladas por los hombres a partir de los medios de producción. Ellas han venido conformadas por el régimen de propiedad; aparecen así el Derecho y el Estado.

En los sistemas jurídicos se expresan y ventilan las relaciones entre base y superestructura. Desde esta perspectiva el Derecho es un acontecimiento cultural de profunda raíz económica. Pero a partir de ahí comienza la tergiversación y la mentira. En la historia del Derecho el noble principio de la equidad y la justicia, se vinculó con los intereses más bastardos y se tergiversó en función de ellos.

Cuando se aborda el tema de la justicia entre los hombres y se hace con profundidad y rigor, se llega a penetrar en la conciencia de forma perdurable, se convierte en clave de la historia universal. Las ideas que han logrado trascender a su época, han aspirado a establecer la igualdad, la dignidad y la justicia, porque expresan necesidades presentes en la naturaleza humana.

La relación de base y superestructura constituyen una contradicción en el seno de una identidad, quienes no lo entiendan así, jamás podrán comprender el materialismo de Marx, ni por tanto interpretar con el rigor necesario los procesos históricos. La esencia del enfoque materialista de Engels, se halla en la relación entre causa y efecto, y en su infinita multiplicidad de interrelaciones; la base material y la superestructura cultural se mueven en esa relación dialéctica. Esto último no se refiere a una entidad metafísica o simplemente abstracta, es una realidad concreta sin la cual no hay Economía Política. Se presentan como una entidad unida por vasos comunicantes. Cuando esta relación se debilita o fractura es síntoma de los males de una civilización, porque en ella está el sustento del equilibrio social y su coherencia. Los últimos trabajos de Engels son explícitos al estudiar esa dicotomía, al dar las siguientes alternativas: cambiar verdaderamente ese estado de cosas o exponerse a la disolución social.

Subestimar el papel de la superestructura o tratar de forma anticultural sus complejidades, arroja resultados negativos para el socialismo. Si grave era este error en la época de Engels, más lo fue tras la instauración de la URSS.

La realidad material en movimiento se expresa no sólo en la superficie formal de lo conocido y asumido con la observación inmediata, sino también por lo contenido en las necesidades que incesantemente despliega la propia realidad. Si en 1917 la conjugación de las exigencias económicas y la política más avanzada de Europa, se vinculó en Rusia con los intereses de las masas trabajadoras y llevó a la Revolución de Octubre, en el proceso que condujo al derrumbe del socialismo en Europa, la tradición de raíz conservadora acabó imponiéndose. La economía está presente siempre en el sustrato; pero la cultura se halla relacionada dialécticamente con ella y condiciona en un sentido u otro su rumbo.

En el llamado "socialismo real" al desdeñarse el papel integrador de la cultura y abordarse esta última con procedimientos abruptos, lo llevó al aislamiento de la lucha de clases a escala internacional, y por lo tanto no se pudo apreciar cómo los progresos alcanzados a escala universal en diferentes disciplinas confirmaban la certeza del materialismo histórico. La inmensa información y sabiduría acumuladas por los hombres fue posible y estuvo incitada en última instancia por las necesidades económicas, pero no puede trazarse un divorcio con la cultura. Lo económico es la estructura esencial de la historia social, y como estructura al fin la condiciona. Esto fue lo que dijeron Marx y Engels y no otra cosa; por supuesto que ello constituye un gigantesco descubrimiento. Lo cultural opera como función la cual garantiza la materialización específica de necesidades con raíces en última instancia en lo económico.

Si se entiende el trabajo como uno de los más remotos antecedentes de la cultura, se empezará a comprender como ella desempeña un papel relacionado con lo funcional en la historia social. Y lo hace con el objetivo primario y sustancial de elevar a planos superiores la vida material, pero a su vez va generando demandas espirituales, las cuales tienen también fundamentos y raíces materiales. Sólo un criterio egocéntrico también presente en el hombre, distancia lo cultural de sus necesidades crecientes. Así se comprende que la cultura, como función esencialmente humana, no debe apreciarse distinta, ajena o divorciada de las necesidades económicas, porque el hombre necesita satisfacerlas para elevar la productividad del trabajo y la calidad de su vida.

III

Cerca de un siglo de descuidos de todos estos pensamientos de Marx y Engels, ha conducido por el camino del error, el crimen y la más vergonzosa reacción. Me pregunto ¿vamos a seguirlo descuidando? Para no hacerlo es preciso situar la capacidad consciente de los hombres, y los factores súper estructurales en el lugar central que les corresponde dentro de la interpretación materialista dialéctica de la historia; llevarlo también al terreno concreto de la política y así promover y orientar el movimiento al socialismo. La capacidad humana para transformar la realidad social en una determinada dirección, está en la esencia de la concepción de Marx y Engels; "Libertad es conciencia de la necesidad" —afirmó Engels. Debemos generar la voluntad de transformación y promover la participación de millones y millones de personas en esa dirección.

Aparece pues el llamado "factor humano", no se trata de un factor más, propiamente está en el centro del pensar filosófico y de las ideas revolucionarias de los clásicos. Lo debemos entender en su más amplio alcance social, e incluir en el concepto a toda la humanidad. Coloquemos lo humano como piedra angular de su pensamiento filosófico, y estaremos honrándolos de una manera fiel a sus vidas y a sus obras. Marx dijo a su hija que el pensamiento más atractivo para él, estaba contenido en la antigua sentencia: "nada humano me es ajeno". Pero ¿Cuál es la naturaleza humana? ¿Cuál es la condición humana?

Es cierto como afirmó Engels, el hombre precisa primero tener cubiertas sus necesidades básicas, para luego hacer vida espiritual, porque sin esta última *no hay hombre*. Pero también es cierto, que sin los valores intelectuales y espirituales no tiene existencia en el sentido que objetivamente lo conocemos, y a estas alturas de la historia debemos entenderlo. No se trata sólo de lo físico, del ser, porque es también el pensar y la conciencia; ese es el hombre que objetivamente existe.

El hombre genera vida espiritual a partir y por medio de su trabajo, inteligencia y conciencia. Al crear cultura ésta se convierte en un elemento real y concreto de enorme peso histórico. Quienes no asuman en todas sus consecuencias prácticas esta verdad, negarán la experiencia histórica y los hechos más evidentes de la vida diaria; se olvidarán de nuestra singularidad como especie, porque precisamente la inteligencia, el trabajo y la cultura nos diferencian de los restantes individuos del reino animal. Debido a limitaciones epistemológicas relacionadas con nuestros actuales horizontes científicos se hace gigantesca la dificultad de conocer y describir los fundamentos materialistas de la vida espiritual; pero esto no justifica el olvido o subestimación de la misma. La raíz de su existencia no se halla con una formulación metafísica; los fundamentos materialistas de la vida espiritual se perciben en la propia naturaleza del hombre.

Debemos probar hoy la raíz materialista y el fundamento científico de la facultad humana para crear vida espiritual. Apreciémosla en este párrafo de Engels:

la civilización ha realizado cosas de las que distaba muchísimo de ser capaz la antigua sociedad gentilicia. Pero las ha llevado a cabo poniendo en movimiento los impulsos y pasiones más viles de los hombres y a costa de sus mejores disposiciones. [26]

Tanto en un caso como en otro están presentes ya sea para bien o para mal, como factor decisivo las condiciones y aptitudes humanas. Recuérdese la importancia que Marx atribuye a la práctica humana, al punto de convertirla en uno de los rasgos medulares de su pensamiento filosófico.

La clave de su pensamiento filosófico está expresada en las *Tesis sobre Feuerbach*, donde critican el materialismo anterior por no reconocer la validez científica de la sensorialidad y de la práctica humana que ella generaba; y agregan:

> ...de aquí que el lado activo fuese desarrollado por el idealismo, por oposición al materialismo, pero sólo de un modo abstracto, ya que el idealismo, no conoce la actividad real, sensorial, como tal...[27]

Por vez primera se colocó a los estudios filosóficos como disciplina de inmediato interés práctico para los hombres y no para unos cuantos, sino para millones de trabajadores de Europa y América. La proeza fue colosal y bastaría con ella para rendir homenaje a Marx y a Engels, un siglo después de su muerte aunque no hubieran realizado nada más.

Ahí nace la vida espiritual y adquiere una categoría social de enorme peso histórico. Pero se ignoró que el materialismo de Marx encerraba una noción ética, y una valoración de los factores volitivos en los procesos históricos y económicos. El déficit no es de ellos, sino de la historia de las ideas de occidente. El divorcio entre lo material y la vida espiritual fue un gravísimo error de incalculables consecuencias prácticas arrastrado desde antaño.

Al desdeñarse la importancia de los elementos subjetivos en los procesos históricos se estaba reduciendo el papel de la práctica humana y social. Se le estaba dando a lo "objetivo" un valor simplemente abstracto o metafísico, porque propiamente la objetividad se expresa también en nosotros mismos y se revela en nuestras emociones, sentimientos, inteligencias y acciones. Ha de exaltarse lo más elevado del hombre: su vocación social y el amor donde precisamente está el origen de la vida.

En la "práctica socialista" se situaron los factores de índole económica con tal fuerza como estímulo e incentivo de la actividad productiva y del conjunto de la vida social, que afectaron los de índole moral, cultural y la formación de la conciencia social, en perjuicio de "las mejores disposiciones humanas", y eran justamente estas la clave para el desarrollo socialista y los desafíos del siglo XX.

En la historia de occidente los métodos metafísicos en el análisis de lo espiritual impidieron encontrar un fundamento científico del socialismo en el terreno de la subjetividad. No se remedió este problema cardinal porque se trazo una distancia infranqueable entre lo ético y lo económico; la política socialista del siglo XX, al no superar ni teórica ni prácticamente esta dicotomía, cayó en una trampa.

Para entender la raíz materialista de la cultura debemos analizarla desde sus orígenes y en su larga evolución. S. Freud apreciaba como el más antiguo suceso cultural, la sanción y el rechazo social a la relación sexual entre padres e hijos, y entre parientes en general. Esta fue seguramente una necesidad para la supervivencia de la especie; porque el incesto resultaba negativo a la más sana evolución genética. Su denuncia fue un hecho genuinamente cultural. Hoy sólo a personas enfermas o mal constituidas puede siquiera ocurrírseles semejante acto. El incesto llega a ser un hecho antinatural para el hombre civilizado, pero debió significar un choque violento en la evolución de la especie. Este acontecimiento en su desarrollo ulterior —como señaló S. Freud— debió tener una decisiva influencia en la forja de la psicología individual y por tanto la social. Se trató desde luego de un proceso cargado de violencia, pero marcó la diferenciación del hombre con sus antecesores en el reino animal.

El nacimiento de la cultura se relaciona con el trabajo, este último en su forma más elemental empezó a gestar los vínculos entre la capacidad física y la mental. Se trataba de una transformación impuesta por el desarrollo práctico del trabajo humano y con influencia en la propia evolución natural; por esta vía emergió la cultura. Los estudios de Engels sobre el papel del trabajo en la formación del hombre, son una lección medular para entender cómo nació la creación humana: la cultura, y cómo se renovó así la naturaleza interior y exterior del hombre. Ahí se muestra el germen de la cultura y también está el nacimiento de la capacidad humana, para unirse con los demás hombres y hacer vida social.

Los más modernos avances de la investigación del cerebro y del sistema nervioso del hombre, confirman la visión materialista y sirven como indicador del papel funcional ejercido por la cultura en la historia de las civilizaciones. En milenios de evolución social se ha ido creando una segunda naturaleza, en ella se asienta nuestra vida espiritual y tiene a su vez fundamentos materiales. La escritura y la evolución cultural crecieron a partir de la misma. Esto hizo posible la acumulación de una memoria social en materiales más estables y perdurables a los del cerebro humano. Las imágenes, conceptos, costumbres, etc., trasladadas de cerebro a cerebro a lo largo de las generaciones crearon un inmenso arsenal de cultura, sobre tales fundamentos se explica su papel decisivo en la historia del hombre.

Las necesidades económicas constituyen la motivación de fondo de los grandes movimientos sociales, los cuales enrolan la acción de millones de seres humanos y promueven cambios prácticos y duraderos. Pero para realizarlos se requieren paradigmas culturales; de esta manera su importancia es fundamental en la consolidación de la renovación de la sociedad. Dentro de ellos hay uno clave: la justicia, la cual expresa una necesidad social a gran escala; surge de esta forma como proyecto ideal, la utopía realizable hacia el futuro. En el orden filosófico debemos tener en cuenta a la realidad material en movimiento, expresada no sólo en la superficie formal de lo conocido y asumido con la observación inmediata, sino también por lo contenido en las necesidades incesantes desplegadas por la propia realidad.

Tales necesidades vienen condicionadas por el conocimiento y por tanto por la cultura de los hombres para orientar su acción en uno u otro sentido; si se deja a la espontaneidad ya sea por falta de cultura o simplemente por inmovilismo social, se conducirá al caos y a largos períodos de estancamiento. El valor de los símbolos y las imágenes expresadas en los mitos vienen a desempeñar el papel catalizador y movilizador de acciones humanas de carácter masivo; todo esto tiene en última instancia raíces económicas. La fundamentación final está en las necesidades materiales, pero ellas pueden responder a un interés egoísta y conservador, o a uno altruista y revolucionario. En el proceso del derrumbe del socialismo en Europa del Este, la cultura acabó desembocando a favor de los peores intereses conservadores, y dejó de ser revolucionaria. La economía está en el sustrato, si la historia se acelera o se retrasa, si marcha en una dirección o en un sentido opuesto, depende de la inserción mayor o menor de la cultura en el movimiento económico.

Al rechazar en bloque los avances culturales de los países occidentales, el "socialismo real" se privó de la necesaria actualización y complementación con el progreso del conocimiento humano. Esto lo podemos apreciar en la negación dogmática de los descubrimientos del científico materialista S. Freud, a quien se le reputó como pensador idealista cuando sus descubrimientos podían servir de importante punto de referencia para la comprensión del papel de la psicología y la vida espiritual. El empeño teórico encaminado a confirmar las relaciones entre el pensamiento materialista de Marx y el de S. Freud, merece hoy una profunda reflexión. Es indispensable estudiar con rigor, desde el plano del pensamiento de Marx y Engels, los principios materialistas fundamentados en el surgimiento y evolución de la cultura formulado por S. Freud.

La interpretación materialista después de Marx, Engels y Lenin, no podía llegar a estas conclusiones, porque todo reclamo de situar el humanismo como principio filosófico, era rechazado políticamente y caracterizado como ajeno al marxismo. Sin embargo, el materialismo de Marx y Engels había profundizado en la consideración del hombre como ser social, y lo situó como el agente principal de la historia.

Algunas corrientes socialistas surgidas en los años posteriores a la Segunda Guerra Mundial en Europa, como el existencialismo de Sartre, fueron rechazadas con dogmatismo. Gramsci mucho antes elaboró un pensamiento profundamente socialista, en el cual situaba el movimiento social y cultural en preeminente lugar. Mariátegui desde la cultura espiritual de nuestra América, representó también una exaltación de los valores culturales, pero nada de esto se tuvo en cuenta con el peso debido, en el desarrollo de las ideas comunistas del siglo XX.

La cultura puede ejercer un papel progresista y lo ha desempeñado. Lo hará con el apoyo de la ciencia, la educación, y promoviendo la participación consciente de la sociedad en el proceso educativo y cultural. Esto último exige el rigor de una ética, en la cual la justicia expresada en su acepción más universal, esté en el centro de la orientación de la conducta humana. Fue esta ética la que soñaron Cristo, Marx, Engels, Martí y todos los grandes humanistas de la historia.

Se desplazó el análisis de la contradicción dada internamente en la naturaleza humana entre lo denominado por Engels "las pasiones más viles" y "las mejores disposiciones", y sin embargo en ello estaba el centro de una exigencia política genuinamente socialista.

El gran mérito de Marx y Engels estuvo en confirmar la posibilidad del hombre de conocer y transformar la naturaleza como parte consciente de la misma. La vieja tradición filosófica cuestionaba las posibilidades humanas de manejar las leyes objetivas de la sociedad y la historia, se movía en un terreno exclusivamente intelectual, esto lo explica el pensamiento expuesto por ellos en la tesis 11 sobre Feuerbach que dice: "Los filósofos no han hecho más que interpretar de diversos modos el mundo, pero de lo que se trata es de transformarlo"[28].

La naturaleza y la sociedad son regidas por leyes objetivas. La historia del marxismo ha estado marcada por la lucha contra los intereses de una subjetividad que ha venido escamoteando esta verdad. Y la ha encubierto para tratar de impedir a las masas oprimidas la posibilidad de llegar por sí mismas a esas realidades y alentar la transformación revolucionaria. Toda la pasión de Marx y Engels estuvo puesta en hacer comprender a los trabajadores y explotados la necesidad de estudiar y aplicar las leyes de la naturaleza y la historia, para servir mejor a sus intereses. Aunque como señaló Engels, no se había enfatizado suficientemente en la importancia de los factores súper estructurales.

Cuando las concepciones metafísicas dominaban la mente de los hombres y de la evolución intelectual e imponían un valladar entre el hombre y la naturaleza, era inevitable insistir en la importancia de las leyes económicas. Pero resultaba imprescindible profundizar en otros planos de la realidad material, para abordar el problema de la subjetividad y de la condición humana, no sólo en su relación con el medio social y natural exterior al hombre, sino también en el que se da en el hombre mismo, y se revela en su conciencia tanto individual como social.

La forma de entender la contradicción objetiva vs. subjetiva, no permitiría dilucidar la contradicción nacida en el seno del hombre mismo, entre las tendencias egoístas y su vocación social subyacente en la propia naturaleza humana. En el seno del hombre está la batalla a librar, en él se halla la esencia de la lucha entre el bien y el mal, entendida esta expresión en su acepción martiana. Tanto la bondad y el amor, como las pasiones más viles, están vivas en los hombres. Ambas son factores subjetivos, y tanto en lo interno del hombre como en lo externo (lo social), tienen consecuencias objetivas. El dilema central de la ética se expresa pues, en la contradicción entre los impulsos primarios y las mejores disposiciones.

Cuando en la historia de la filosofía se llegó a la conclusión de la identidad entre el ser y el pensar, había que estudiar la contradicción entre el egoísmo y la vocación social, como la cuestión concreta e inmediata más importante para la educación, la cultura, la interpretación histórica y por tanto de la política. Todo esto se entrelaza a su vez con la explotación del hombre por el hombre, y las luchas sociales y económicas. Lo ético debemos colocarlo en el centro del debate entre explotados y explotadores. Si la interpretación marxista no coloca la lucha en favor de los pobres, como la pieza central de la ética universal, no podrá comprenderse la verdadera dimensión y el alcance de los grandes errores que tuvieron lugar bajo la bandera del socialismo en el siglo XX.

La primera y gran injusticia dentro del sistema capitalista está en arrebatarles a los trabajadores el nuevo valor creado por su trabajo. Podemos cimentar la ética a partir del estudio de la plusvalía, y colocar como piedra esencial de una moral ciudadana el honor del trabajo; otro elemento a destacar es la disposición humana para asociarse con el objetivo de forjar una sociedad enriquecida material y espiritualmente. Constituyen valores fundamentales de la ética, exaltar el honor del trabajo y la vocación social del hombre. Todo ello está contenido en la esencia de las más altas aspiraciones de Marx y Engels. Precisamente el error de la llamada izquierda del siglo XX, estuvo en no considerar a la cultura como fuerza indispensable para la liberación humana, se provocó incluso el rechazo a la misma.

Cuando Marx describía la importancia de la mercancía y de los factores netamente económicos, estaba haciendo un señalamiento acerca de la enfermedad sufrida por la humanidad en el sistema capitalista. Pero no se interpretó correctamente su crítica al régimen mercantil y a los factores de su movimiento.

Marx luchó por un sentido ético de la vida, y en ello reside la esencia más profunda de sus planteamientos. Los "marxistas" no debieron jamás despreciar el papel de lo espiritual, ni tampoco tratarlo con procedimientos impositivos y anticulturales. Hacerlo de esta manera condujo al crecimiento del egocentrismo y de las peores tendencias humanas. Así se facilitó en la conciencia social de muchos países, el fomento de los intereses antisocialistas. Debemos trabajar por el mejoramiento material y espiritual del hombre, no hay otra alternativa para el ideal de redención humana supuesto por el socialismo.

IV

Para insertar la cultura en una civilización que se proponga transitar hacia el socialismo, se deberá romper definitivamente con la vieja ideología de la dicotomía entre lo material y lo espiritual como si fueran mundos divorciados. Empecemos por reconocer que la base material de la sociedad no tiene existencia real, si no se interrelaciona con una superestructura ideológica, cultural e institucional, y ahí es donde se aprecia su importancia práctica, social e histórica. Tratar de forma divorciada las luchas por el pan de un lado, y la vida espiritual por el otro, se convierte en fuente de distorsiones peligrosas para la sociedad. Incluso el pan es posible porque la mano, inteligencia y destreza del hombre lo han creado, y eso es cultura. Pero no se podrá distribuir de manera justa, sin el conocimiento y la cultura indispensable para ello. La equidad exige más cultura que la arbitrariedad, he ahí la cuestión.

Después de Marx y Engels, las ciencias sociales y las humanidades, debían haberse planteado sus grandes descubrimientos científicos y filosóficos, como punto de partida para investigar la naturaleza, la evolución y el desarrollo de la sociedad, y rechazar todo criterio dogmático o doctrinario. El político profundamente revolucionario debía tomar estos aportes como lo hicieron Lenin, Fidel y todos los protagonistas de las verdaderas revoluciones en el siglo XX.

Pero se planteó el marxismo en tanto conclusión filosófica y científico-social, como imperativo expresado en normas rígidas de conducta de los hombres para el cambio revolucionario, y esto es un gran error. La actividad humana no viene mandatada por una conclusión científica. Las normas y principios pueden orientar la conducta humana, pero ellas han de fundamentarse en la educación, la cultura y en especial en la formación política y ética ciudadana. Es sabio apoyarse y guiarse por los resultados de las ciencias sociales e históricas, y los fundamentos de la filosofía; sin embargo, ello sólo sirve —y ya es bastante— de pauta para la actividad humana y de método de investigación para guiarla.

Si Engels había caracterizado al marxismo como "un método de estudio e investigación", Lenin planteó estas mismas esencias y las llevó al plano de la materialización práctica cuando las definió como "una guía para la acción". Se produce así la síntesis de pensamiento-acción, cuestión clave del materialismo de Marx.

Hace años me pregunté: ¿Para andar por la vida promoviendo la justicia entre los hombres basta con estas sabias definiciones de Engels y Lenin? Martí me dio la respuesta cuando planteó en la primera línea referida a Marx, "Como se puso del lado de los débiles merece honor". Es necesaria pues una opción ética, porque no basta con un método científico o una guía para la acción, es indispensable emplearla en función de la liberación humana. Así lo hicieron C. Marx y F. Engels, y por eso entendemos su ética humanista.

Los antagonismos y contradicciones sociales de raíces económicas y sus formas explosivas de comportarse, poseen la carga espiritual de la lucha entre la injusticia y el egoísmo de un lado, y la justicia y la vocación social del hombre del otro.

Diversas corrientes social-demócratas europeas se han apoyado en los valores éticos y en la cultura para defender la justicia social. Esto es positivo, pero no se alcanza la dimensión revolucionaria sin apoyarse en el materialismo histórico. Dejar a un lado a Marx y a Engels, equivale a echar por la borda eslabones claves del conocimiento humano. El materialismo histórico recogió la esencia de cada conocimiento alcanzado y trató de armar con ellos la cadena de la historia de las ideas, para llegar a las conclusiones posibles de aplicar en su época. Engels incluso subrayó y explicó las razones por las cuales todo conocimiento es limitado. Cuando esto se entienda daremos al traste de una vez y para siempre con los "decálogos" de soluciones definitivas y "verdades eternas". Si así lo apreció Engels con respecto a la historia cultural precedente ¿por qué no entenderlo nosotros con respecto al legado de Marx y Engels?, quienes hoy niegan la validez de estos sabios, lo hacen con el mismo cariz conservador de aquellos que concibieron el marxismo como un "dogma determinista". En este error no sólo han influido los enemigos del pensamiento de Engels, sino también muchos de sus continuadores.

Por supuesto existen procesos y espacios que Marx y Engels no conocieron, como por ejemplo los prodigiosos avances en los campos de la psicología y la sociología, los cuales tienen una enorme significación en la cuestión de la subjetividad. Ellos vivieron en la Europa del siglo XIX, y alcanzaron allí la más elevada escala del saber. Pero el mundo era mucho más ancho, y los tiempos fueron cambiando, lo cual obligaba a actualizar y profundizar las ideas de estos dos grandes maestros; lo confirma el trabajo creativo y revolucionario realizado por Lenin.

Situar el origen del desarrollo económico más allá de los hombres es caer en una visión filosóficamente idealista bien distinta del materialismo histórico, Marx estudió Economía Política no economía a secas. Para rescatar el pensamiento marxista del pantano ético dejado como nefasta herencia por más de 80 años de tergiversaciones, es necesario investigar los fundamentos culturales del materialismo histórico. Estudiemos las ideas de Marx y Engels a la luz del pensamiento martiano cuando afirmó: "los hombres van divididos en dos bandos: "los que aman y fundan, y los que odian y destruyen"; debemos entenderlo con un criterio profundamente dialéctico, porque en la vida real están presentes estas categorías en formas infinitamente complejas, combinadas y cargadas de matices.

Reitero que en el orden filosófico los factores subjetivos no fueron suficientemente examinados en su peso específico por Marx y Engels, no lo hicieron con el énfasis debido y esto lo reconoce ejemplarmente Engels en sus últimos trabajos. La separación entre el espíritu y la materia de fundamentación metafísica, presente en la esencia teórica de las tergiversaciones, se impuso en la mente de los hombres y sirvió de argumentación ideológica a los intereses conservadores. Desde el punto de vista estrictamente ético, habría que colocar las "mejores disposiciones" como la inspiración más revolucionaria.

Una vez resuelto teóricamente por Marx y Engels el problema fundamental de la filosofía, habría que plantearse con todo rigor en la política, la educación y la cultura en general, el tema concreto más importante del hombre sobre la tierra: el tema de la ética en toda su extensión y complejidad; es de las más importantes cuestiones prácticas de la política moderna.

El gigantesco déficit moral en el llamado "socialismo real" y todas las desviaciones cometidas, debilitaron la interpretación marxista prevaleciente en las últimas décadas del siglo XX. No basta con denunciar los errores, es indispensable analizar las raíces filosóficas de los mismos. Cuando no se exaltan los valores espirituales en un sentido genuinamente humano y universal, se acaban imponiendo las tendencias egocéntricas y los instintos primarios más ferozmente individualistas. Y como para prevalecer estas últimas requieren de un determinado apoyo social, erigen doctrinas que hipócrita y cínicamente tratan de explicar y justificar ante las conciencias enfermas o simplemente ignorantes, las viejas tendencias atávicas de la subconciencia, y conducen incluso en sus extremos al proceder criminal.

Esta es la lección que en el orden de las ideas debemos extraer de una época en que el materialismo de Marx, fue reducido a un economicismo vulgar y a una caricatura grosera.

V

La crisis interna de una sociedad relacionada con la falta de correspondencia entre el nivel de desarrollo económico y la vida espiritual y social, agrava el antagonismo entre los privilegios de unos cuantos y la mísera existencia y ausencia de libertad de la inmensa mayoría. Esta agudización genera choques cada vez más violentos; los mismos son de carácter económico y se revelan en la cultura. Las clases conservadoras tienden a justificarse con enemigos externos y cuando estos no existen los inventan; es precisamente lo que hoy hacen los intereses más reaccionarios de los Estados Unidos, con relación a Cuba y al mundo.

La historia de la humanidad se ha caracterizado siempre por los constantes antagonismos entre su desarrollo económico y su vida institucional, jurídica, política y moral. Ninguna civilización pudo nacer, crecer y fortalecerse sin la savia cultural. El artificio creado durante siglos en el terreno de la filosofía y la cultura por los regímenes de clase, ha consistido en analizar de forma parcial y segmentada los aspectos esenciales de la historia del hombre, sus necesidades materiales, que le vienen impuestas por su propia naturaleza y su vocación social y creativa. La influencia de la cultura tal como la concibe el materialismo histórico, no debe fragmentarse en departamentos estancos, ni verse independiente del pensamiento filosófico, lógico, ético y estético; su fuerza revolucionaria está en la integralidad.

Una corriente de la herencia cultural de occidente ha sido el pragmatismo norteamericano; el cual ha demostrado "eficacia" para sostener el sistema de explotación y dominio mundial. Su carácter conservador y reaccionario se fundamenta en el objetivo de defender intereses egoístas, dejando al margen los de los pueblos del mundo, e incluso a las masas explotadas de sus propios países. La cultura convertida en un poder social fue históricamente subordinada a los intereses egocéntricos y se convirtió así en un elemento conservador, se trata en este caso de una cultura de explotación.

La moderna civilización occidental situó el centro de la visión del hombre en el triunfo de la ciencia y la razón. Esto representó un gigantesco paso de avance. Sobre la base de estos logros se planteaban nuevas interrogantes sólo posibles de responder sobre fundamentos de métodos científicos. Sin embargo, las ideas socialistas situadas en la cúspide de la cultura decimonónica no podían rebasar las fronteras culturales de aquel tiempo histórico. No obstante Marx y Engels al asumir la dialéctica de Hegel desde una perspectiva materialista consecuente, le permitieron al hombre por vez primera la posibilidad de pensar a partir de la imagen del mundo real y no el que estaba invertido en el cerebro de los hombres desde tiempo inmemorial.

Hasta entonces se le había dado una connotación metafísica a la espiritualidad y ocultado el peso de los factores económico-materiales en la vida y en la historia. Contra este ocultamiento combatieron Marx y Engels, pero al hacerlo no insistieron suficientemente —lo dice Engels— en la importancia de los factores de la superestructura... Sin embargo, su esclarecimiento teórico sobre los problemas de la identidad entre el ser y el pensar, y de su relación dialéctica, le abrió un camino insospechado al conocimiento humano y al ejercicio de la voluntad del hombre. Pero muchos "marxistas" con posterioridad a la muerte de Engels, no reconocieron el papel que el mismo incluso en forma autocrítica, le había atribuido a los factores de la superestructura.

El siglo XX con su prodigiosa producción científico-técnica, brindó nuevos "argumentos" para ocultar el valor de la subjetividad. No se extrajo la conclusión de que los avances científico-técnicos partían de una ampliación del conocimiento lo cual claro está, se halla vinculado a elementos de carácter subjetivo. El papel de la vida espiritual podría además haberse estudiado científicamente, tomando en cuenta los progresos alcanzados por la psicología. Las investigaciones en este campo no pocas veces fueron etiquetadas como ciencia burguesa, con lo cual se les desestimaba. Como toda aventura científica tales contribuciones son polémicas y contradictorias, pero desecharlas por razones únicamente "ideológicas" reveló enraizados prejuicios de raíces anticulturales.

En estos años finiseculares se ha perdido a escala mundial confianza y optimismo en el curso positivo de la historia, y también la fe en el proletariado industrial, como sujeto potencial de transformación con una misión histórica a cumplir. Durante el siglo XX los socialistas tuvieron la convicción de que el proletariado industrial si asumía el poder político y el dominio sobre la economía, podría impedir las guerras y el exterminio de la especie humana, pero esto no fue posible. Para rescatar la confianza en el progreso debemos ir a la esencia de las ideas socialistas del siglo XIX, estudiar las condiciones socioeconómicas en virtud de las cuales surgieron, e investigar el desenvolvimiento histórico ulterior y arribar así, a criterios científicos que permitan encontrar nuevos caminos a favor de la liberación humana; esto sólo es posible investigando los *Nuevos Agentes Sociales del Cambio*.

¿Acaso por lo ocurrido en años recientes debemos dejar al margen la experiencia universal del pensamiento socialista de los siglos XIX y XX? Pienso que no. De forma muy preliminar esbozo algunas ideas para ulteriores análisis.

El triunfo de la revolución socialista se avizoraba tras la victoria del proletariado industrial en los países capitalistas de más alto nivel de desarrollo; sin embargo, no ocurrió así. El mundo era mucho más amplio de lo que pudieron imaginar los más grandes sabios del siglo XIX, pero ¿qué falló en el "socialismo real"? A sus dirigentes les faltó voluntad y visión política para auspiciar una alianza con el Tercer Mundo. Podría decirse que esto era imposible, pero diría mejor, resultó imposible. La causa estuvo en haberse divorciado de la tradición leninista; no se asimilaron creadoramente sus estudios sobre el imperialismo y sus advertencias sobre la importancia del movimiento liberador iniciado entonces en los países de Asia. Un momento culminante de este drama fue la Crisis de Octubre de 1962; cuando en nombre de la defensa de los intereses de Cuba, se podía haber levantado la bandera universal de la independencia nacional, en un momento que esa bandera tenía un respaldo inmenso en el mundo; pero eso desde luego, no se hizo.

En los finales de la década de 1980, en nombre del socialismo se nos invitó a releer los trabajos de Lenin. Como afirmé en mi texto *Volver a leer a Engels,* lo hice con cuidado y desde posiciones tercermundistas y de izquierda. Confirmé la validez de sus ideas en un sentido radicalmente opuesto a lo que proclamó la perestroika.

La idea del socialismo cayó en un engaño, la muy justa "fascinación" de Marx sobre el impetuoso desarrollo burgués, que transformó radicalmente la sociedad humana en el transcurso de unas pocas décadas, obsesionó con posterioridad a la muerte de Lenin a muchos de los "interpretes" del pensamiento marxista, especialmente después de la Segunda Guerra Mundial. Se llegó a establecer como doctrina la llamada coexistencia pacífica entre países socialistas y capitalistas, hasta convertir el desarrollo industrial y tecnológico en una especie de "teología revolucionaria" o de "retórica economicista".

En la cumbre del pensamiento científico de Marx, heredero de la tradición europea de milenios, tenía fundamentos la exaltación del valor de las ciencias y las tecnologías, pero como antes subrayamos Marx nunca dejó un dogma, sino un punto de partida para ulteriores análisis, y las ciencias sociales y económicas tenían que seguir investigando, estudiando y desarrollándose. Por otra parte el factor económico con su influencia decisiva en última instancia, no se podía simplificar como competitividad productiva y tecnológica. La Economía Política abarca mucho más, porque se entrelaza a través de las relaciones que los hombres establecen en el proceso de producción con la superestructura política, ideológica y moral. La coexistencia pacífica entre los dos sistemas, que en un principio por razones muy coyunturales estuvo obligado el socialismo en época de Lenin, se trasladó con posterioridad a su desaparición, a estrategia revolucionaria permanente. Ahí está precisamente uno de los errores: convertir decisiones coyunturales emergentes en estrategias a largo plazo.

Todo esto impidió apreciar los valores sociales, humanos y culturales, sin los cuales el desarrollo material no sólo puede paralizarse o desviarse, sino convertirse en una infernal pesadilla. Así en buena medida ocurrió, y no es que vayamos a negar la importancia del progreso material, pero debemos reconocer que el crecimiento y perdurabilidad de las civilizaciones, no transcurre exclusivamente por la vía del "progreso científico y tecnológico".

Estos sabios abordaron los temas claves de la naturaleza y la historia con tal grado de abstracción —y así tenía que ser— que resulta imposible visualizar la grandeza de sus orientaciones en función de la práctica, si no se ha captado y asumido la esencia de su mensaje. Lo más importante está en la aspiración a la liberación del hombre de la explotación y su hermana gemela, la enajenación con la que las clases poderosas han sometidos a los explotados.

Si no se captan los pensamientos de Marx y Engels, como un empeño de movilización de las conciencias y de esclarecimiento científico acerca de los métodos con los cuales debemos orientar nuestra acción transformadora, no se podrá descubrir el fondo de esta inmensa sabiduría.

Si no se aprecia que unido al análisis concreto de la realidad, ha de realizarse una abstracción y relacionarla con otras realidades, para arribar a unas más abarcadoras que nos sirvan de pauta hacia la práctica de la transformación del mundo, no se habrá comprendido en sus más profundas esencias su pensamiento.

Si no se comprende y asume lo que representa la enajenación, la imagen invertida de la realidad, no se podrán entender las razones por las cuales el régimen burgués se presenta como democrático, pero es en esencia una dictadura de clase.

Si no se comprende que el llamado "trabajo libre" del asalariado encierra una esclavitud y un sometimiento a los dueños de la fuerza laboral, no se puede comprender lo sustancial en Marx y Engels.

Si nada de lo expuesto se capta a plenitud, no es posible comprender la cultura de estos sabios.

Un siglo después, estos fenómenos adquirieron una infinita complejidad, pero si no se descubre lo sustantivo de ella, la verdad permanecerá oculta en el desorden ético de la postmodernidad. No hay más solución que un concepto integral y genuinamente humanista de la cultura. El lado social y más netamente humano del desarrollo plantea a estas alturas la exigencia de una cultura superior en su cabal acepción. No podremos alcanzarla de un día para otro, pero debemos plantearlo en este minuto con toda urgencia, porque sólo así podemos salvar a la humanidad.

Para buscar la relación de este legado revolucionario con nuestra vida inmediata, y por tanto asumirlo de forma eficaz como guía para la acción, debe entenderse lo expresado por Lenin cuando afirmó: los fenómenos son más ricos que las esencias.

Las ideas filosóficas de Marx y Engels, se revelan con tal escala de abstracción que para llevarlas a la práctica se exige su asimilación crítica, y en especial captar y asumir el carácter liberador y ético de su mensaje. Sin esto último no se podrá apoyar cabalmente, ni siquiera comprender la dimensión humanista de sus ideas, y no se podrá actuar de una manera plenamente justa. Para ello es necesario descubrir sobre fundamentos filosóficos y métodos científicos su legado, con la experiencia de un siglo de grandezas y errores.

En el centenario de la muerte de Engels, exhorto al estudio de la obra de estos grandes humanistas, para encontrar el camino de nuevos paradigmas socialistas; los cuales transitan por las vías de entender a la cultura y la ética como cuestiones de un enorme y decisivo peso histórico; son temas de acuciante actualidad política, cubana y universal.

El papel de la superestructura[29]

En la línea esencial de la obra de Marx y Engels, existe una inagotable riqueza cultural. Ellos nunca pretendieron crear un sistema de ideas cerradas, sino encontrar claves decisivas para la interpretación y el conocimiento del mundo y su historia; cualquier lectura o interpretación de su obra debemos relacionarla con los hechos objetivos e inconfundibles de la práctica y la historia.

El marxismo como ya he explicado en los trabajos precedentes, es válido en la medida que se interprete como un "método de estudio e investigación y una guía para la acción". Se trata de un cuerpo de ideas sin conclusiones inmutables sobre lo que va concretamente a suceder en la historia del mañana. Es esencialmente una llave maestra para abrir las puertas de una época nueva, y a su vez luz para andar por el laberinto accidentado y lleno de obstáculos en defensa de los intereses de los trabajadores.

En un tiempo histórico donde los altares levantados para exaltar el ideal socialista se vinieron abajo por el peso de errores imperdonables, es necesario volver a las esencias del pensamiento de Marx y Engels. Por ejemplo, lo acontecido en el campo de la cultura artística y literaria donde el normativismo estético concibió el llamado "realismo socialista", empobrecedor de formas, contenidos y paradigma del más rancio conservadurismo, mostró el déficit cultural con los cuales se manejaban todas las cuestiones. Lo más grave estaba en la subestimación de la herencia espiritual de la historia humana, y en la tergiversación del propio legado filosófico de la revolución encabezada por Lenin. No se pudo abordar con rigor el papel de la superestructura, de la voluntad creadora de todos y cada uno de los hombres en el llamado "socialismo real", y de esta manera se privaron de lo mejor de la cultura de Marx y Engels: la rica e ilimitada capacidad humana de crear, amar y soñar.

La superestructura política, jurídica y cultural fue incapaz de producir los cambios necesarios en favor del socialismo. La acumulación durante décadas de profundas transgresiones éticas, se convirtió en un freno para promover transformaciones de las formas económicas y legales. Las mismas constituían necesidades originadas por el crecimiento de las fuerzas productivas, que el propio socialismo había generado venciendo inmensos obstáculos.

Desde luego se trataba de un problema descomunal, pero era el reto del socialismo. Se requería el talento e imaginación que no poseían los dirigentes soviéticos. El marxismo se forjó sobre un presupuesto cultural europeo de más vasto alcance del que disponía Rusia; el "socialismo real" pasó por alto lo más revolucionario de la cultura europea: el propio marxismo.

Engels destacó como uno de los grandes descubrimientos de Marx, estaba en extraer de "la maleza ideológica de los siglos", la sencilla verdad de que el hombre necesita primero: "comer, beber, tener un techo y vestirse" para luego crear vida espiritual. Se trata de una afirmación de sentido común, pero el mérito de Marx estuvo en ser capaz de elevarla a categoría filosófica, y superar así el abismo históricamente creado entre lo espiritual y lo material.

Luego se confundieron las cosas, pues no se comprendió bien o no se quiso extraer la consecuencia práctica de otra gran verdad del sentido común: la humanidad no tiene existencia real sin la cultura creada o la que está en posibilidad de crear, la cual constituye su originalidad en el reino animal.

Ambas verdades han estado ocultas y desarticuladas por largo tiempo, sin embargo, sin ellas no hay real existencia humana. Sólo a partir de los descubrimientos de Marx, se puede producir la articulación entre ellas, porque anteriormente la filosofía las concebía divorciadas; también se pueden hilvanar importantes ideas filosóficas y extraer consecuencias prácticas. La primera está en que los valores de la superestructura se deben jerarquizar con idéntico alcance al de las necesidades económicas. *Idéntico* no quiere decir *más*, pero tampoco *menos*. El "socialismo real" no supo hacerlo porque cayó en un reduccionismo económico, en un materialismo vulgar y acabó perdiendo toda realidad.

Con relación al olvido del papel de los valores y categorías de la superestructura había alertado Engels en los finales de su vida, cuando insistió en la relación dialéctica de causa y efecto, y entre base económica y superestructura. Siempre las sociedades se quiebran por la superestructura. Es una de esas verdades evidentes a la que hay que extraerle profundas consecuencias prácticas; fortalecer la superestructura es pues uno de nuestros deberes principales. La superestructura es la forma a través de la cual opera la economía; se comprenderá el rigor, seriedad y la pasión necesaria que debemos tener para tratar estas cuestiones. La superestructura está pues en el centro del poder revolucionario, descuidar la misma es un error imperdonable para los verdaderos revolucionarios.

Hacia el siglo XXI: Materialismo Histórico y vida espiritual. Fuentes necesarias[30]

En las ediciones correspondientes a enero-marzo y abril-junio de 1990, publiqué en la revista *Cuba Socialista*, dos artículos con una selección de párrafos de Lenin y de Engels, acompañado de comentarios y observaciones; los cuales relacionaba con lo que venía sucediendo en la URSS y en el campo socialista de Europa del Este. En 1996, seis años después de aquellos análisis he confirmado plenamente mis puntos de vista sobre lo sucedido entonces. Nuevamente a la luz de los textos de Engels, especialmente los de los últimos años de su vida, y con la experiencia que extraigo de nuestras relaciones con la extinguida URSS, me he planteado profundizar en los graves errores cometidos por el llamado "socialismo real".

La cadena de faltas y equivocaciones tiene sus causas en importantes tergiversaciones filosóficas; si las estudiamos podremos encontrar las raíces de la involución ocurrida durante décadas en aquellos países. Para ajustar cuentas con dichos errores y encaminar nuestros criterios en dirección a las concepciones más revolucionarias y consecuentes, ha de irse a la fuente de los clásicos, repasar la génesis y evolución de su pensamiento, así como encontrar los límites presentes en toda obra humana.

En Cuba un deber de conciencia nos ha llevado a esto. Habíamos formado a más de una generación en las ideas del socialismo, y cuando sucedió el derrumbe, y por tanto la ruptura en forma radical de la interpretación marxista vigente en la segunda mitad del siglo XX, nos sentimos obligados moralmente a examinar la cuestión en toda su profundidad; tanto más por la tradición espiritual, la experiencia y la responsabilidad histórica adquirida por nuestro país. Las enseñanzas de la Revolución cubana nos mostraron el camino de esta búsqueda. Estos problemas no se resuelven ocultando los hechos de la historia, sino en tomar lecciones de ella para actuar de forma consecuente en el presente y hacia el futuro.

En mi trabajo *Mi visión del Che desde los años 90*, expuse lo siguiente:

> La Revolución cubana triunfante en enero de 1959, significó el sello de lo más depurado intelectualmente de Europa, es decir, el pensamiento materialista dialéctico y el más profundo sentido del humanismo de nuestra América, que tuvo en José Martí su más alto y consecuente exponente.

Por otro lado, los problemas analizados por Marx y Engels, en la Europa de hace más de cien años, se proyectaron con posterioridad a ellos a una escala internacional mucho más vasta.

El crecimiento de los Estados Unidos y su ascenso a poderoso país capitalista a partir de la Guerra de Secesión por un lado, y los movimientos migratorios masivos del Viejo Mundo hacia Norteamérica en las últimas décadas del siglo XIX y principios del XX por otro; marcaron importantes hitos los cuales nos permiten apreciar el alcance de sus ideas y descubrir las formas que tomarían sus enseñanzas con posterioridad a su espacio y tiempo histórico. Sin embargo, ellos no podían valorar el desplome del mundo colonial y el surgimiento del neocolonialismo.

En noviembre de 1864, Marx escribe una carta a Lincoln, donde se aprecia la esperanza que tenía acerca de que el desenlace de la guerra entre el norte y el sur de Norteamérica, significaría un paso de avance hacia la futura revolución proletaria en ese país (pero esto no sucedió), la caldera europea no explotó, entre otras razones porque el potencial de fuerza de trabajo de Europa encontró mercados en los territorios de Norteamérica en los finales del XIX y el transcurso del XX. Hay que subrayar que el inmenso saber europeo del siglo

XIX, no valoró suficientemente a los Estados Unidos, ni mucho menos la potencialidad revolucionaria que se estaba gestando en América Latina. Leamos este pensamiento de Engels:

> Las fases sociales y económicas que estos países tendrán que pasar antes de llegar también a la organización socialista —se refiere al Tercer Mundo— no pueden, creo yo, ser sino objeto de hipótesis bastante ociosas. Una cosa es segura: el proletariado victorioso no puede imponer la felicidad a ningún pueblo extranjero sin comprometer su propia victoria.[31]

Lección que dramáticamente se ha cumplido en el seno del viejo continente.

No podían contar Marx y Engels con la fase imperialista estudiada por Lenin, ni conocer suficientemente las realidades económico-sociales de los países de Asia, África y América Latina. Tampoco el forjador de la Revolución de Octubre, pudo estudiar nuestro continente, aunque llegó a tener informaciones proféticas sobre los movimientos de liberación que en esa época se gestaron en Asia. Lenin señaló que con la intervención de los Estados Unidos en la Guerra de Independencia de Cuba, se había dado inicio al imperialismo moderno; por demás en la caracterización que hizo del mismo en tanto fase superior del capitalismo, está la fundamentación en nuestra centuria del pensamiento de Marx y Engels.

Esto lo explicó Lenin en su análisis del imperialismo moderno, y en los comentarios formulados por él sobre los Movimientos de Liberación Nacional entonces en gestación, donde puso de relieve la nueva dimensión adquirida por los descubrimientos de Marx y Engels. Con posterioridad a la muerte de Lenin, en medio de una batalla colosal en donde el espíritu revolucionario y el sacrificio de millones de personas en favor del socialismo se hizo sentir, por diversidad de razones se acabó a la postre imponiendo métodos y estilos diametralmente opuestos al pensamiento profundamente humanista de Marx, Engels y Lenin.

En la interpretación del socialismo en los países de Europa del

Este y la URSS, se desconoció el valor objetivo de la vida espiritual, la cual es resultado de la creación del hombre y de la sociedad; no se asumió la raíz materialista y el fundamento científico de la facultad humana para crear vida espiritual. Apreciada la cuestión en el más vasto plano social, y sobre el fundamento de obrar a partir de las realidades materiales objetivas, es el Hombre quien mueve y produce la historia. Uno de los rasgos esenciales del pensamiento de Marx está en su insistencia acerca de la importancia decisiva de la práctica humana y social.

Si las categorías de la superestructura son formas a través de las cuales se expresan las relaciones económicas, y como dice Engels "la vida orgánica constituye una constante prueba de la unidad indivisible entre forma y contenido", se tendrá la explicación filosófica del drama. Se subestimaron las formas y se acabó destruyendo el contenido. El tratamiento reduccionista e inculto de los temas súper estructurales, es el más importante error teórico de consecuencias prácticas cometido en la historia del socialismo en el siglo XX. En este largo proceso lleno de enormes complejidades, las banderas más elevadas de los valores espirituales y humanistas acabaron en manos conservadoras y reaccionarias bajo un manto hipócrita.

El movimiento socialista de Europa oriental perdió la oportunidad de emplear a favor de sus ideales el progreso cultural alcanzado en el siglo XX, con relación a la subjetividad. Fue utilizado por la propaganda, la agitación y el proselitismo encaminados a presentar el socialismo como la negación de lo mejor del hombre. Este gigantesco déficit privó al pensamiento marxista de la segunda mitad del siglo XX, de convertirse en la fuerza más importante para la transformación revolucionaria de la sociedad. No se jerarquizó y se trabajó en forma burda el papel de la voluntad humana y de la cultura en la transformación socialista de la sociedad. No nos referimos sólo a la voluntad individual de cada persona, sino a la unión de voluntades que actúen hacia fines similares.

El voluntarismo fue denunciado con la expresión "culto a la

personalidad", cuando en realidad lo que se necesitaba era una verdadera figura como la de Lenin. Ello condujo a que se paralizaran y desviasen los objetivos socialistas de la voluntad del conjunto de la sociedad, y se encaminase la historia hacia fines u objetivos particulares de personas, grupos o a lo sumo de intereses nacionales. Ahí está una parte del gran disparate cometido contra la humanidad en el siglo XX. El marxismo no niega, sino que por el contrario afirma el papel de la voluntad individual y colectiva en su más vasto alcance. Lo que precisamente hacen Marx y Engels, es destacar la importancia de los factores humanos a partir del conocimiento de la realidad, y por tanto del papel de la cultura.

La realidad no es sólo la forma que adoptan los fenómenos en la superficie, sino también las necesidades que subyacen en las esencias de la vida económica y social, y que constantemente se despliegan. Esto no lo entienden quienes enfocan superficialmente los procesos socio-históricos y el feroz pragmatismo.

Asumir las necesidades de una época y hallar los medios de canalizarlas y resolverlas es lo genuinamente revolucionario. Engels decía: "Si Ricardo Corazón de León y Felipe Augusto, en vez de liarse con las Cruzadas, hubiesen implantado el libre cambio, nos hubieran ahorrado quinientos años de miseria e ignorancia".[32] Podríamos agregar ¡cuántas veces por no haberse comprendido las necesidades y posibilidades de un tiempo dado, se le impidió a la humanidad evitar décadas de miseria, por no decir siglos!

Los conservadores elaboraron sus doctrinas inmovilistas con muy diversos signos; el inmovilismo es el nombre postmoderno del conservadurismo. Los reaccionarios de todas las especies ocultan que en el materialismo de Marx y Engels, están presentes la necesidad y la posibilidad de transformar el mundo en favor de la justicia. Desgraciadamente muchos lo hacen sobre el presupuesto de la interpretación marxista prevaleciente en la segunda mitad del siglo XX.

Si estamos convencidos del pensamiento de estos sabios, ha de irse a una nueva interpretación materialista de la historia, pero para ello es necesario analizar las raíces de los errores. La esencia filosófica de estos se encuentra en haber caracterizado al marxismo como determinista, cuando en realidad no es determinista pero tampoco indeterminista, resulta lo contrario, es materialismo dialéctico. Engels ridiculiza y muestra las inconsecuencias de las concepciones deterministas prevalecientes en aquella época describiendo el absurdo que sería investigar las causas de cualquier suceso de nuestra vida cotidiana o fenómeno de la naturaleza, a partir de la larga evolución de la historia natural y del universo conocido. Según Engels es como si pretendiéramos encontrar las causas últimas de un instante de nuestra cotidianidad en los orígenes del sistema solar. Hoy pudiéramos decir —parafraseándolo— en el big bang. Semejante conclusión está más allá de las posibilidades del conocimiento humano y por tanto de la ciencia.

Si estas agudas observaciones de Engels, expuestas en *Dialéctica de la naturaleza*, las enfocamos no ya hacia la investigación del largo recorrido de la evolución natural, sino para descubrir el futuro del hombre y de su contorno natural y social, que es lo que objetivamente puede interesarnos desde el punto de vista práctico, tendríamos mayores fundamentos para mostrar la irracionalidad y el absurdo de las conclusiones deterministas prevalecientes en el "socialismo real".

Para guiarnos por el camino del futuro inmediato y mediato, estamos obligados a pensar y actuar bajo fundamentos muy objetivos y concretos; es más la aplicación de cada conocimiento adquirido introduce nuevas alternativas en el curso histórico. Este proceso viene condicionado en última instancia por factores económicos, pero ellos operan con una inmensa variedad de posibles resultados prácticos y es en estos donde se decide o conforma la naturaleza de la historia real.

El carácter relativo de todo conocimiento está precisamente en la esencia del materialismo de Marx y Engels, de ahí se deriva su valor práctico revolucionario. No rechazan las posibilidades de nuevos conocimientos, ni elevan las verdades descubiertas a la categoría de valores inmutables; cada nuevo conocimiento es un eslabón en la larga cadena del saber; el de hoy contribuye a forjar el de mañana, como el de ayer hizo posible el de nuestro presente. Lo verdadero se halla en el proceso mismo de conocer.

En la relación causa-efecto y sus posibilidades de entrelazamiento es donde se encuentra la esencia de la gnoseología de Marx. Si no se capta esta verdad esencial no se ha comprendido la médula del materialismo histórico. La dificultad es inmensa, porque se trata de la más alta escala del pensar y sólo puede asumirse a plenitud desde el plano de la práctica, y en especial de las necesidades planteadas a cada instante a nuestra vida.

Engels decía que una necesidad enseña más que cien universidades. Cada progreso en el conocimiento humano abre nuevas vías. Si sabemos someterlas a la crítica, a la confrontación con la realidad nos permitirá conquistar nuevos estadios. Tomemos muy en cuenta los conocimientos previamente adquiridos, pues forman parte sustancial de la memoria histórica y ellos han de valer para analizar cómo hacer las cosas mejor en el presente y hacia el futuro. No es lícito por tanto demoler el pasado ni someterlo a una crítica iconoclasta, sino apoyarnos en su análisis para seguir avanzando. La crítica no debe significar la negación antidialéctica del conocimiento anterior. El pasado sólo puede evaluarse en relación con la información de su época o tiempo histórico. Véanse los análisis de Engels acerca de cómo los grandes descubrimientos filosóficos de Hegel, se sustentan en los avances científicos alcanzados hasta su época y cómo sus límites están dados por la ciencia de su tiempo.

El propio Engels en su caracterización de los méritos de su entrañable amigo nos dice: para Marx el más eficaz modo de pensar se haya en partir de los hechos y su trama real, y no a la inversa, como desde siempre se había venido realizando en la filosofía y en la história.

Para la interpretación de la historia transcurrida el materialismo de Marx y Engels, tiene la fuerza de una afirmación científicamente comprobada, para la que está por transcurrir como no existen objetivamente los hechos y estos presentan una infinita variedad de situaciones y eventualidades, las ideas de estos sabios no pueden aprisionarse a través de esquemas rígidos.

¿Cómo desarrollar una voluntad social a amplia escala universal (como exige el socialismo), sin el concurso de la cultura y en especial de la ética? y ¿cómo hacerlo sin un sistema de principios éticos sólidamente establecido? Es pura fantasía y abstracción ajena a la realidad pretender promover la voluntad social sin un sentido ético de la vida y de la historia.

Si estamos convencidos de la validez del pensamiento de estos sabios, es necesario ir a una nueva interpretación, útil en la medida en que sirva a los intereses de la humanidad, y responda a los principios éticos de la mejor cultura universal. Debemos y podemos hacerlo si nos planteamos el tema de la política, la historia y el sentido de la vida desde un punto de vista ético.

Si por la vía de nuestra capacidad intelectual y por consiguiente de la razón, el estudio y la investigación, comprobamos el valor de estos grandes descubrimientos, hemos recorrido sólo una parte importante del camino. Para asumirlos e incluso captar sus más puras esencias es necesario hacerlo desde la práctica. Sólo cuando al razonar y pensar unamos nuestros sentimientos, emociones y acciones estaremos en aptitud de entender el mensaje de liberación humana de estos pensadores revolucionarios. La toma de conciencia ética acerca de una verdad de tal significación es ruta decisiva para llegar a su conocimiento cabal.

La evolución del pensamiento humano desde la ilustración hasta Marx y Engels, debe ser completada con la visión política y la sensibilidad humana de la cultura de nuestra América. La filosofía de Marx y Engels llenó durante dos siglos de historia el pensamiento occidental; la pregunta es si alguna otra con similar jerarquía a la de ellos ha podido reemplazarlos en el análisis científico de los problemas de la miseria y del dolor humano. La filosofía posterior a ellos solamente ha aportado en la medida en que se ha acercado o ha asimilado sus conclusiones. No se trata de reproducir exactamente en el siglo XXI, lo escrito en Europa durante el XIX, sino de saber si vamos a ignorar las cumbres más altas del pensamiento de la Europa decimonónica. Esto podrán hacerlo quienes disfrutan la riqueza de la plusvalía universal; pero la inmensa mayoría de los seres humanos que sufren la miseria y quienes hemos echado nuestra suerte con los pobres de la tierra no tenemos razones para ello.

Debemos diferenciar y relacionar las ideas de Marx y Engels, con el pensamiento de los más grandes sabios de la humanidad; esto sólo puede hacerse certeramente sobre la base de un método científico orientado al estudio de la realidad, y con la aspiración de la transformación revolucionaria de la sociedad en favor de la liberación humana.

Una conclusión científica no lleva por su exclusiva comprensión intelectual o teórica a una acción revolucionaria, es necesario asumirla a partir de una dimensión ética. El uso y empleo del conocimiento les da carácter ideológico a los mismos. Con estas contribuciones la filosofía como sistema se abría hacia el abanico infinito de la práctica. Un siglo más tarde si vamos a ser consecuentes con sus enseñanzas, debemos plantearnos el problema en términos bien diferentes a como lo hizo el llamado "socialismo real".

Para Marx y Engels la esencia de los antagonismos sociales en la historia, se halla en la contradicción entre explotados y explotadores, y esto tiene raíces económicas y adopta formas de confrontación violenta. A su vez poseen la carga espiritual de la lucha entre la injusticia y el egoísmo de un lado, y la justicia y la vocación social del hombre del otro. Personalidades como Gramsci, Mariátegui y el Che, entre otros, hicieron generosos aportes al respecto. Estos sirven de antecedentes útiles a quienes deseen estudiar el papel de los factores subjetivos o espirituales y por tanto de los sistemas éticos desde el plano del pensamiento del materialismo histórico.

Consolidar y ampliar la liberación humana requiere de sistemas jurídicos, para implantar y velar por la verdadera justicia. El movimiento encaminado a la liberación del hombre basado en las premisas sociales y económicas vigentes, fue a lo que Engels llamó comunismo. No se trata de una sociedad en concreto, sino de un *movimiento* orientado a promover y desarrollar la cooperación sobre la base de la propiedad común.

Es necesario fortalecer la autoridad del Estado socialista, pero ello sólo se logra de una manera acertada, con la ampliación progresiva de la democracia desde la base hasta la cúspide, el incremento e influencia de la sociedad civil socialista y con una sistemática labor de educación y cultura. Así se pueden forjar categorías de la superestructura y articularlas con las de la base material. Es en la relación dialéctica de la base y la superestructura donde está la esencia del pensamiento de Engels; el distanciamiento y la ruptura entre ambas equivale a la quiebra del sistema vigente. Esto último se viene revelando hoy en la moderna civilización capitalista, síntoma inequívoco de la crisis profunda por la que atraviesa. No es nuestra pretensión describir aquí este problema cardinal en todas sus consecuencias, pero si destacar su existencia real.

No caigamos en la trampa³³

El derrumbe del "socialismo real" está vinculado con un diseño equivocado en los enfrentamientos ideológicos. Se combatían las ideas conservadoras y reaccionarias, sin tener en cuenta que ellas toman como fundamento verdades y principios justos, para tergiversarlos y deformarlos. Introdujeron así la confusión al ser alzadas como banderas de una causa injusta y perjudicaron de esta manera el avance del pensamiento revolucionario. Los argumentos de nuestros adversarios están relacionados con las aspiraciones y verdades de los revolucionarios, si hacemos un rechazo dogmático a lo expresado por los enemigos y renunciamos al análisis dialéctico, estaremos dejando en sus manos las mejores banderas de la humanidad. Así dramáticamente sucedió.

Este problema se relaciona con el lenguaje. De cómo se empleen las palabras en dirección a tal o cual objetivo, decidirá si se toma un camino revolucionario o uno reaccionario. Lo que nunca debe hacerse es renunciar a las palabras, porque equivale a renunciar a la cultura, y ésta es un arma decisiva para vencer a los sistemas de explotación. Los adversarios la emplean en forma retórica o tergiversada, para servir a sus propósitos de explotación y miseria. Nosotros debemos hacerlo de manera revolucionaria. "La palabra no está para encubrir la verdad, sino para mostrarla", dijo José Martí.

La negación dogmática de los argumentos conservadores, aunque fuera de la mejor buena fe, le ha hecho perder fecundidad a las ideas socialistas. Hay interesantes observaciones del lingüista norteamericano Noam Chomsky, sobre el uso de las palabras, estas merecen la pena ser estudiadas por los especialistas en temas de propaganda.

La cultura (debemos tomarlo en cuenta), posee una gran vitalidad a través de la palabra. El lenguaje es forma, las ideas y conceptos son esencia. Si la palabra se usa de manera tendenciosa puede tener todo el atractivo de una esencia humanista y servir para embellecer un contenido negativo. La técnica del enemigo es emplear la retórica y la tergiversación de las esencias revolucionarias para de esta forma destruir, confundir y distorsionar. Así se ha estado produciendo un desmontaje de los más consecuentes y radicales descubrimientos científico sociales, y de las ideas más puras de la liberación humana; podemos poner infinidad de ejemplos prácticos.

La idea contenida en las expresiones derechos humanos, democracia y sociedad civil, han venido siendo falseadas por los reaccionarios para privar al socialismo de sus más puras esencias. La mejor propaganda revolucionaria será aquella capaz de rechazar dialécticamente los argumentos contrarrevolucionarios.

Los derechos humanos los necesitamos para defender los intereses del pueblo cubano. La tradición espiritual de nuestro pueblo ha de tener siempre presente en nuestras mentes los más de 6 mil millones de hombres y mujeres que pueblan el planeta. Democracia significa como dijo Lincoln: "el gobierno del pueblo, por el pueblo y para el pueblo", y la inmensa mayoría del pueblo es trabajador y pobre. Empecemos a estudiar la sociedad civil a partir de la realidad revolucionaria cubana; del papel de los sindicatos, las organizaciones de masas, tal como se señala en la constitución de la república. La sociedad civil y la democracia cubana se fundamentan en nuestra ley de leyes, y ella proclama el propósito socialista. Atengámonos fielmente a su texto y su espíritu.

Cuando se inició la perestroika en la URSS, desde sus posiciones claudicantes alguien propuso tener a Marx únicamente como valor cultural. Dije entonces Marx, Engels y Lenin empezaron por la cultura, y su mayor importancia está precisamente en ello. La perestroika no condujo a la cultura, sino a la incultura y la ignorancia. Acabó imponiéndose el capricho y el dogmatismo, de esta forma se alió a su hermano gemelo: la conciliación y el entreguismo. Lo radical no se halla en los extremos —sino como postuló José Martí— en ir a la raíz. El Apóstol era radical y a su vez buscaba la armonía y el apoyo de todos, a los propósitos revolucionarios. Ahí está la razón de su originalidad política.

Una lectura del *Manifiesto Comunista* 150 años después[34]

Conmemoramos este año el 150 aniversario del histórico *Manifiesto Comunista*; ello debe mover a reflexiones especialmente a quienes hemos abrazado el pensamiento democrático y social, forjado en las dos últimas centurias de la civilización occidental. La introducción de la cuestión social como tema esencial de la cultura es relativamente reciente en la historia de occidente. Fueron propiamente los creadores del célebre documento, quienes con mayor coherencia y rigor arribaron a la verdad filosófica más provechosa para el hombre en su milenaria historia: la necesidad de que la Filosofía orientara la transformación revolucionaria de la sociedad.

"Un fantasma recorre Europa" —dice el *Manifiesto*—, el fantasma se ha mantenido en el centro de la historia durante este siglo y medio. No ha existido desde entonces acontecimiento político importante que no estuviera, directa o indirectamente relacionado con el fuego de ideas y sentimientos generados por el documento de 1848. En la subconciencia histórica ha estado presente de una forma u otra, bien para apoyarlo o para atacarlo; pero lo más importante es haberse mantenido durante 150 años en el entretejido de las ideas y aspiraciones redentoras en el seno de la civilización occidental. Debemos preguntarnos si la humanidad puede olvidarse de las esperanzas y aspiraciones liberadoras marcadas por el ideal comunista.

El *Manifiesto* fue escrito para describir y denunciar el régimen social capitalista europeo de mediados del siglo XIX. Ningún documento político lo hizo entonces con mayor profundidad y claridad, ni expresó más fielmente las necesidades revolucionarias de su momento histórico.

En este trabajo Marx y Engels describieron con profundidad científica y alta calidad literaria, la esencia de la historia social y económica desde la más remota antigüedad hasta su época; ningún otro documento de su género lo superó entonces en el análisis. Sin sus lecciones no podría entenderse la evolución ulterior de la historia de la segunda mitad del siglo XIX, y de todo el XX. Para estudiarla debemos partir de la lógica de sus autores, de otra forma no podremos conocer lo aportado y dónde están las limitaciones por esencia presente en toda obra humana. Se trata pues de un texto con valor cultural irrenunciable.

Tanto la aplicación práctica del pensamiento de Marx y Engels en las últimas décadas, como la propaganda enemiga sobre el mismo, impusieron en la conciencia de millones de personas, la creencia y el punto de vista de que se trata de un dogma inflexible. Cuando en realidad las esencias filosóficas de las ideas de los célebres redactores del *Manifiesto,* son precisamente todo lo contrario a la rigidez dogmática.

En el juicio del Moncada el 26 de julio de 1953, cuando el fiscal le refutaba a Fidel como delictuoso el hecho de que en el apartamento de Haydee y Abel Santamaría existieran libros de Lenin, nuestro Comandante en Jefe respondió: "El político que no haya leído y estudiado a Lenin es un ignorante". Hoy podríamos repetir: el político que no haya leído el *Manifiesto Comunista,* es también un ignorante. Quienes como Fidel, lo estudien y se nutran de sus enseñanzas, y a la vez abracen la causa de los pobres, podrán encontrar los verdaderos caminos para la revolución.

Al leer el *Manifiesto Comunista* desde el fundamento de la experiencia transcurrida en el último siglo y medio, comprobaremos la más profunda y nítida descripción del tiempo histórico de cuando fue escrito, y encontraremos enseñanzas inapreciables para el mundo de hoy.

El lector al confrontar la evolución humana transcurrida, con las líneas esenciales del *Manifiesto*, confirmará que el capitalismo ha continuado su marcha descarnada para apoderarse del valor creado por el trabajo humano y el mismo sigue siendo sustraído a los trabajadores. El robo se ha mantenido, ampliado y realizado en forma más dramática. Si somos capaces de hacer una abstracción, nos puede conducir a la interpretación de los hechos concretos situados a nuestra vista. Confirmaremos si lo hacemos sin prejuicios, cómo la sociedad capitalista está poniendo en crisis las relaciones de producción creadas por el propio sistema.

La moderna sociedad burguesa salida de entre las ruinas de la feudal, continuó marchando en medio de las propias contradicciones y antagonismos que la generó, sin abolirlos; únicamente ha seguido sustituyendo las viejas condiciones de opresión por otras nuevas. Podrá apreciarse que la explotación del trabajo humano y los antagonismos económico-sociales, han continuado amenazando de una manera cada vez más grave el futuro del hombre sobre la tierra. Dondequiera que ha existido el poder de la burguesía, ha seguido convirtiendo las relaciones de producción en factor enajenante para hacer de la libertad personal un simple valor de cambio. El capitalismo sustituye las numerosas libertades estructuradas y adquiridas, por la inhumana y desalmada libertad de comercio; podemos decir que en lugar de la explotación velada por ilusiones religiosas o políticas, ha seguido estableciendo una explotación abierta, directa, descarnada y brutal.

Al médico, al jurisconsulto, al sacerdote, al poeta, al hombre de ciencia en estos últimos 150 años, ha seguido convirtiéndolos en sus servidores asalariados, ha continuado descorriéndose el velo de emociones y sentimientos que encubrían en el pasado las relaciones familiares reduciéndolas a simples relaciones de dinero. Asimismo podrá comprenderse que la burguesía no puede existir, si no es a condición de transformar incesantemente los instrumentos y relaciones de producción, y por consiguiente las sociales en general. El capitalismo ha profanado todo lo sagrado, y los hombres se han visto obligados a analizar el carácter de sus relaciones sociales reales. La explotación del mercado mundial ha seguido su marcha acelerada. La burguesía ha dado un sentido más cosmopolita e internacional a la riqueza y al consumo de todos los países, y lo ha hecho cada vez con mayor fuerza discriminatoria. La llamada globalización equivale a otra etapa del proceso de internacionalización capitalista de la riqueza estudiado por Marx en su tiempo y descrito por Lenin en el suyo, se confirman así, descubrimientos sustantivos de los autores del *Manifiesto*. Pero es más, el imperialismo en su desarrollo ha seguido alentando los peores instintos humanos, viene destruyendo las propias relaciones sociales, políticas y jurídicas creadas en el mismo proceso de la modernidad capitalista. Ejemplo de ello lo tenemos en su sistemática agresividad contra valores como: el Estado, la nación y organizaciones internacionales entre ellas las Naciones Unidas, la UNESCO, etc. Este en un proceso gravísimo de destrucción, el cual amenaza la civilización en su conjunto.

Sin embargo, para promover las ideas redentoras contenidas en el *Manifiesto*, es necesario estudiar lo que resultó diferente a los presupuestos en que se fundaron los autores de estas memorables páginas. Ellos estaban conscientes de que sus valoraciones tenían como base la realidad europea; no podía exigírseles otra cosa porque de la visión eurocéntrica, no se libró lo más prominente del pensamiento revolucionario europeo del siglo XIX. Si se va a interpretar más allá de estas fronteras, se deben estudiar los tiempos y espacios históricos de otras regiones, para luego hacer las necesarias comparaciones.

Estúdiese el *Manifiesto Comunista*, como quien lee un valioso documento, antecedente para conocer y enfrentar mejor las realidades del presente y el futuro, compárese con el recuerdo de lo sucedido en los más de 150 años de historia transcurrida, y podrá el lector apreciar cómo verdades esenciales allí expuestas, están confirmadas y ejemplificadas en forma cada vez más dramática por la vida.

Sin comprender el papel de Asia, África y América Latina en el desarrollo de la lucha revolucionaria a escala internacional, no se podrá escribir la historia, ni mucho menos marchar hacia la independencia y la liberación de la humanidad de la explotación del hombre por el hombre. Si el estudio de este texto se hace desprejuiciadamente, quedará revelado como el curso de los procesos sociales y políticos, confirmó que "la historia de todas las sociedades hasta nuestros días es la historia de la lucha de clases [...] opresores y oprimidos se enfrentaron siempre, mantuvieron una lucha constante, velada unas veces y otras franca y abierta".[35] Hay una importante advertencia para todos los seres humanos en ese documento, esa lucha *terminó siempre con la transformación revolucionaria de toda la sociedad o el hundimiento de las clases en pugna*.[36] Esta advertencia martilla nuestra mente y se presenta como la gran interrogante hacia el siglo XXI. Comprometámonos a trabajar porque se imponga la transformación revolucionaria de la sociedad, y ello sin la participación del Tercer Mundo será realmente imposible.

Ni en el documento, ni en su obra posterior los autores abordaron filosóficamente, con toda la profundidad que se puede hacer hoy, lo referente a la vida espiritual. No podía ser otra manera, no inculpemos a los forjadores del socialismo de las limitaciones propias de su época histórica; sin embargo, el futuro de la humanidad tendrá derecho a inculpar a los hombres y mujeres de hoy, por no estudiar suficientemente la importancia de la vida espiritual como tema esencial de la política. Estos análisis los espera América y el mundo de quienes hemos abrazado el pensamiento socialista.

El *Manifiesto Comunista* nos invita a una reflexión acerca de las verdades que expone. Hoy podríamos decir parafraseando a Engels, que el *Manifiesto Comunista* es uno de los grandes documentos escritos, para ayudar a los pobres de la tierra en favor de su liberación.

El regreso de Carlos Marx

El regreso de Carlos Marx[37]

El regreso de Carlos Marx, no es una expresión de un "empecinado" comunista. No se trata de un marxista quien ha hecho tal formulación. Fue la revista *The New Yorker*, la que anunció la buena nueva. En segundo término no soy quien considera que el autor de *El capital* se hubiera marchado para siempre. Después de la muerte de Lenin, lo vistieron de varios disfraces y permaneció vigilante ante nosotros.

Tampoco se marchó Newton cuando algunas de las bases científicas de la Física que describió, entraron en cuestionamiento ante nuevos planos de la realidad antes desconocidos. Apareció entonces Einstein estudiando y aportando sus leyes, y cuando la Física Cuántica fue descubriendo fenómenos del micromundo y planteando nuevas interrogantes, tampoco se había marchado el creador de la Teoría de la Relatividad. Sin estos grandes antecedentes no hay progreso de la ciencia.

La cultura universal está hecha de claves esenciales, sin las cuales no se entiende nada. Todo esto genera debates en el campo de las ciencias naturales, pero cuando se trata de temas como los analizados y expuestos por Carlos Marx, de carácter social y económico, la cuestión se torna en extremo conflictiva, pues se relaciona con los intereses más inmediatos de los hombres.

Marx y sus descubrimientos permanecieron ahí, en el sustrato o subconsciente —si se le quiere llamar así— de la civilización occidental. En todo caso fueron los hombres los que se alejaron de las verdades científicas descubiertas por el autor de *El capital*. Por esto resulta muy revelador el anuncio de su regreso en una revista norteamericana que nadie puede reputar de comunista; apreciamos con gran interés que está volviendo a la conciencia universal el pensamiento de aquel gigante. Confirmamos que hasta el capitalismo necesita de esta sabiduría.

Pero veamos algunas de las afirmaciones claves del artículo comentado. En el mismo se dice: "un inglés cuya carrera lo ha llevado hasta un gran banco inversionista de Wall Street, afirmó en una casa de descanso en Long Island: Mientras más tiempo paso en Wall Street, más me convenzo de que Marx tenía razón. Afirma el periodista que pensaba que su amigo bromeaba, pero acto seguido le dijo: Hay un Premio Nobel esperando por el economista que resucite a Marx y componga todo en un modelo coherente. Estoy absolutamente convencido de que el enfoque de Marx, es la mejor forma de analizar el capitalismo".

Es interesante apreciar como un capitalista de hoy, es capaz de asumir la cultura de Marx, para apreciar los desafíos de su civilización. Pero Marx no se refería sólo al tema de la economía en el sentido reduccionista con que se empleó la expresión en nuestra centuria. Como hemos dicho precisamente entre los errores del llamado "socialismo real", estuvo el de interpretar a Marx con un criterio exclusivamente economicista. El profeta del socialismo no nos habló sólo de economía, sus descubrimientos tienen fundamento filosófico y expresan una cultura ética, fundamentada en la redención universal del hombre.

A modo de una bienvenida a Carlos Marx, traslado los enfoques extraídos de un trabajo que titulé: *Necesidad de una dimensión cultural del desarrollo*.

Los hombres y mujeres de preocupaciones culturales y sociales estamos en la obligación de subrayar algunos hechos históricos de vieja trascendencia, y de los cuales no se han obtenido todas las consecuencias posibles. Sin examinar la historia y la prehistoria del hombre y algunos de sus rasgos distintivos seguiríamos en un callejón sin salida.

La civilización esclavista de los romanos y el sistema colonial establecido por ellos, no hubieran perdurado cerca de mil años la primera, y más de medio milenio el segundo, sin el prodigioso sentido práctico y la portentosa cultura jurídica que afirmados en una extraordinaria producción intelectual, se reconocen hoy como una de las grandes virtudes del antiguo imperio.

En el ocaso del feudalismo, el ascenso del capitalismo europeo no se concibe sin la exaltación de la cultura clásica antigua y su renovación expresada en lo que llamamos Renacimiento. Los procesos revolucionarios, las transformaciones económicas que ejemplificadas en la Revolución francesa, las cuales se extendieron por vastas regiones de la tierra, son impensables sin los enciclopedistas y el pensamiento forjado entonces. Asimismo las ideas socialistas del siglo XIX, no hubieran existido sin la cultura universal acumulada.

Del mismo modo, el movimiento revolucionario independentista de los pueblos de nuestra América, se impuso sobre el dominio colonial ibérico, porque fue receptivo a las tradiciones culturales y políticas más elevadas de la humanidad de su tiempo. Determinadas capas sociales de América Latina y el Caribe, habían asimilado una cultura política mucho más profunda y renovadora que la prevaleciente en la Metrópoli. Ellas se identificaron con los intereses de las masas explotadas y de la independencia de nuestros países.

La relación entre economía y cultura se aprecia de forma muy clara al investigar las razones por las cuales los hombres más informados en los regímenes capitalistas altamente desarrollados, están promoviendo el arte y la cultura de acuerdo con sus intereses y dentro del esquema de su sistema social. El problema está en que en la relación entre el productor y el consumidor, el arte y en general la cultura, desempeña un papel cada vez más destacado en el seno de la sociedad capitalista desarrollada. Esto se debe en gran medida a la amplitud y extensión adquirida por el sistema, además porque ciertas capas de la población han alcanzado niveles de información sobre el fundamento de la extensión de la función comunicativa propios de la cultura y el arte.

La cultura siempre ocupó un lugar destacado en los procesos productivos y en la economía. En el pasado y desde luego en el presente, ha estado muy relacionada con los conocimientos tecnológicos, científicos y con el crecimiento de la riqueza. En la actualidad y sobre todo en el futuro mediato, el fenómeno se extiende de manera creciente hacia las operaciones de comercialización y como parte consustancial al papel destacado de la información. De esto se desprende la necesidad de determinar la magnitud económica de la cultura y el arte. Algunas veces es posible su cuantificación aritmética, y si se hace con rigor lo podemos comprobar de forma sencilla en casos concretos presentes a nuestra vista. En otras la influencia de la cultura es de tal dimensión económica, que resulta difícil medirla por las mismas razones por las cuales las extensiones en el espacio infinito no se determinan con cintas métricas.

El problema está en que el carácter social de la producción, ha adquirido una dimensión muy superior y sigue creciendo a escala mucho mayor a las de finales del siglo XIX y principios del XX. Lo mismo ocurre con el proceso de internacionalización de las relaciones económicas.

No se debe renunciar a la acumulación de conocimientos, información y sabiduría alcanzados en el orden de las ciencias sociales en los siglos XIX y XX, cualquiera sea el matiz o la interpretación de las ideas socialistas —empleando esta expresión en su sentido más amplio y sin entrar en un debate en relación con las diversas corrientes que al respecto han existido o existan— éstas como conjunto, constituyen el progreso más alto alcanzado en este orden por la humanidad.

Fue en el siglo XIX cuando sobre el fundamento de los estudios económicos, filosóficos y de los más vastos planos de la cultura precedente, se crearon las bases para las ciencias sociales y económicas como las conocemos hoy. Sin embargo, no se alcanzó, ni podía objetivamente lograrse, una apreciación certera de la dimensión que iban a tomar ciertas verdades entonces descubiertas. Como siempre ocurre en la historia de la ciencia, nuevos planos de la realidad se revelaron en el proceso ulterior.

El avance de las ciencias sociales y económicas del siglo XIX, con su enorme riqueza, no pudo apreciar en toda su magnitud y detalles, fenómenos como el papel de los movimientos migratorios especialmente desde Europa hacia los Estados Unidos, la expansión económica de este país sobre el fundamento de su enorme extensión territorial, el desenlace y el significado de la explotación colonial y neocolonial, el gigantesco crecimiento de la productividad del trabajo y el entrelazamiento de todos y cada uno de sus factores con fenómenos de la superestructura que iban a darle un carácter diferente a la lucha entre los grupos y clases poseedores de la riqueza y las masas explotadas.

Todo esto además de muchos otros elementos —entre los cuales se destaca el complejo proceso de la práctica socialista de las últimas décadas y su dramático desenlace— determinó que el siglo XX esté concluyendo con nuevas escalas de internacionalización, bajo el dominio de un grupo reducido de países, sectores y clases sociales. Lo sustancial está en que la riqueza permanece en manos de las minorías, y la pobreza de la inmensa población del globo se hace cada vez más aguda.

Con independencia de cualquier debate intelectual o científico en relación con las formas o modelos mediante los cuales enfrentar el problema, el hecho existe. Debemos apoyarnos en el progreso alcanzado por las ideas y la cultura para abordarlo con seriedad y rigor. No es destruyendo las conquistas de la cultura universal como se puede avanzar. Todo adelanto sobre este presupuesto acabará provocando problemas muy graves. Y hay conquistas irrenunciables a salvaguardar, como la independencia y soberanía de los Estados y el respeto irrestricto a la identidad cultural de cada pueblo, nación o grupo humano. Estas conquistas deben garantizarse como fundamento objetivo para asegurar que los nuevos alcances de la internacionalización de las riquezas, no generen problemas aún más graves.

En el fondo está lo siguiente: el pensamiento filosófico, social y económico europeo del siglo XIX, debemos estudiarlo en su espacio geográfico y en su tiempo histórico; ahí es donde está su grandeza. En la geografía física y política de hoy, y en nuestros tiempos, que algunos premodernos quieren llamar postmodernidad, es indispensable asumir la inmensa cultura de Marx actualizándolas para los días actuales.

Coincidimos pues con el artículo de referencia, pero no se trata sólo de un modelo, que si fuera coherente con Marx debería servir a la liberación humana; se trata en primer lugar —valga la repetición— de la independencia de los pueblos y de la liberación del hombre a plenitud, y el pensamiento de Marx es imprescindible para lograrlo. Si es válido —como dice el autor de *El regreso de Carlos Marx*— para el sistema capitalista, ¿cómo no va a serlo para los quienes luchamos contra la explotación del hombre por el hombre?

Es útil desde luego, que el llamado "mundo desarrollado" reconozca el valor de esos grandes descubrimientos y confirme la importancia económica de promover una cultura para el progreso estable de la humanidad, única forma de salvar a la civilización occidental de un grave desastre.

¿Podríamos esperar que las modernas oligarquías sean más elaboradas, y por tanto más cultas que las del pasado? En todo caso sólo cabe decir sería lo más útil. Pero las decisiones no siempre se adoptan en base a los intereses estratégicos del sistema social dominante, ni mucho menos a los de la humanidad, sino en función de las coyunturas e intereses específicos de grupos que tienen el poder político en sus manos. La relación entre civilización material y cultural resulta más profunda y sutil de la concebida por los cavernícolas de la derecha norteamericana.

Por todo esto saludamos el artículo *El regreso de Carlos Marx*, aparecido el año pasado en la revista *The New Yorker*.

Dimensión ética de Carlos Marx y Federico Engels[38]

Para quienes desde los años cincuenta asumimos desde la tradición ética cubana el legado de C. Marx y F. Engels, y dada las graves transgresiones morales que tuvieron lugar durante el llamado socialismo real, investigar la actualidad y dimensión ética de estas figuras ejemplares, se convierte en una obligación. Por ello acercarse al propósito de investigar y describir la actualidad y el futuro de sus ideas, después de tantas tergiversaciones, engaños y medias verdades no resulta sencillo, pero sí muy grato y necesario.

En el viaje hacia la inmortalidad Marx y su gran compañero Engels, encontraron un camino hacia la redención universal del hombre; forjaron la filosofía de la práctica y descubrieron los métodos científicos para promover la mejor tradición intelectual europea, hasta sus últimas consecuencias teóricas en búsqueda de la justicia universal; crearon las bases de la modernas ciencias económicas y sociales, rebasando el espacio y el tiempo histórico en que nació y comenzó a crecer esta inmensa sabiduría.

Cuando se ha sufrido el dolor de la injusticia, se puede comprender hasta donde la lucha a favor de la justicia social, es una fuerza real que mueve la conciencia humana. Sólo con esta aspiración podemos exaltar al individuo hasta la condición plena de sus fuerzas creadoras y elevarlo a la idea del bien.

Las ideas de los sabios no valen en sí mismas, sino por su

potencialidad para descubrir a partir de sus hallazgos nuevas verdades. Los más elevados y eminentes pensamientos son piezas maestras del edificio que va construyendo la humanidad y sus bases están en constante cambio y movimiento. Su alcance y trascendencia se halla en ser útiles para resistir las pruebas del tiempo, tengan algo importante que aportar y mantengan valores por encima de coyunturas. Quienes han contribuido a la historia lo han hecho, porque han sabido injertar lo nuevo en la trama precedente de su entretejido.

Somos los hombres quienes creamos la historia pero la hacemos desde luego, con arreglo a las realidades objetivas, y hay una que perdurará más allá de nosotros y sobre la cual ciencia, ética y política deben trabajar para superarla: las injusticias sociales como la miseria y el dolor humano. Debemos tomarla como aspecto sustantivo de la ciencia y la filosofía, si quiere servir hacia el siglo XXI; si no lo hacemos continuarán desencadenándose los más bajos instintos y no se exaltará la inmensa capacidad de ampliar nuestras facultades intelectuales y morales. Para tan altos propósitos es necesario asumir el sentido ético en el quehacer político y actualizarlo en función de los intereses de la humanidad sin excepción.

El empeño redentor con alcance universal de estos dos gigantes es expresión de la más elevada conciencia moral. Las tergiversaciones y confusiones que al respecto han tenido lugar se deben, en parte, a lo siguiente: Marx y Engels no se plantearon elaborar un sistema de valores éticos, no fue ésta la misión que habían concebido, ni incluso la que objetivamente podían abordar en la Europa de su época. La ética en ellos ha de buscarse en el sentido de sus vidas, su pasión por la verdad científica y la justicia entre los hombres. Esto tiene una explicación: en la conciencia de la Europa del siglo XIX, la ética estaba transfigurada, oculta tras un proceso de siglos de tergiversaciones en cuanto a la noble aspiración de Jesús de Nazareth.

Marx y Engels se revelaron contra esta ética hipócrita y ajena a las más genuinas aspiraciones. Dice Engels que "frente a los adversarios, teníamos que subrayar este principio cardinal que se negaba, y no siempre disponíamos de tiempo, espacio y ocasión para dar la debida importancia a los demás factores que intervienen en el juego de las acciones y reacciones".[39]

Lo ético fue lo que alentó los análisis críticos de Marx y Engels, con relación a la historia y los fundamentos económicos de la acción social del hombre. Si el análisis se queda reducido exclusivamente al comportamiento y movimiento de la mercancía en la economía social; no se entenderá bien la esencia del pensamiento filosófico del Apóstol del socialismo, ni por tanto su contribución a la mejor cultura ética occidental. Como señaló Engels, bastaría con los descubrimientos científicos de Marx, para que un hombre se llenara de gloria y se colocara en las cumbres del saber universal, y agregaba, pero esto es sólo la mitad del hombre para luego describir los empeños generosos de su ilustre amigo. Si no hubieran asumido la más elevada cultura ética de la historia de occidente les habría sido imposible descubrir la plusvalía, su naturaleza impulsora del capitalismo y la maldad que origina, encierra y desencadena cruelmente. Tampoco hubieran descubierto las leyes esenciales de la historia social, sin los fundamentos e inspiración de una ética de valor universal.

La búsqueda de la ética está presente en los métodos del conocimiento e interpretación de la dialéctica de Marx y de Engels. La esencia de una moral más alta para el análisis científico y la orientación de la conducta humana a escala universal está viva en los principios del materialismo histórico. Los métodos filosóficos antes de Marx, no hacían factible encontrar la moral como tendencia viva presente en el movimiento de la realidad; no facilitaban la posibilidad de que el hombre pudiera sentir felicidad en actuar moralmente en el curso histórico.

Marx sitúa el sujeto y la sensorialidad en el presupuesto esencial de su investigación, lo principal está pues en el hombre, en el sujeto que existe, el que puede transformar la realidad; relaciona la actividad práctica con la necesidad de cambios sociales. El hombre se halla en el centro de su pensamiento, por esto desvincular los llamados factores subjetivos de los considerados de carácter objetivo genera una confusión inaceptable. Es necesario entender lo espiritual y lo ético insertados en la naturaleza humana de manera inseparable; sólo así se puede transformar a la sociedad. Como venimos insistiendo es indispensable superar en el terreno filosófico, la dicotomía entre factores morales y materiales para llegar a conclusiones certeras y útiles.

Las ideas de Marx mantienen validez no sólo porque descubrió verdades científicas, sino porque éstas se enlazan con su enorme significado moral. La lógica y la dialéctica de sus razones y descripciones de procesos históricos, expresan el más alto valor ético que se alcanzó en las ciencias humanistas y sociales de la cultura occidental. La conjugación de la ética y la validez de sus conclusiones científico-sociales están en el nudo de su sabiduría y sensibilidad. Marx llegó a profundizar en los males sociales porque —como dijo Martí— "era un hombre comido del ansia de hacer el bien".

Por esto cualquiera que haya sido el cambio de realidades sociales y económicas con respecto a su tiempo histórico, y los errores y horrores cometidos en nombre de sus ideas, la certeza esencial de sus descubrimientos y análisis está en la síntesis de ciencia y ética. Nadie lo aventajó científicamente en sembrar la semilla de la verdad y de la justicia (ambas son piedras angulares de la filosofía de la ética), en un terreno donde se mueven los intereses inmediatos y concretos de los hombres.

Ha de entenderse que la razón de su trascendencia en el tiempo está en la síntesis entre ética y proyección científica. Sin lo primero no existe lo segundo; en ellos como en Martí, ciencia y ética alcanzan una síntesis de saber y amor, quien no la respete tiene limitaciones en ambos planos de la cultura.

La fuerza creadora de Marx está en el amor, la solidaridad y la virtud, a partir de una sabiduría que tiene sus raíces lejanas en Grecia, Roma, la tradición judeo-cristiana, fundamentos más remotos del pensamiento moderno euro-occidental. Pero en el curso histórico de esa evolución intelectual se absolutizó en algunos casos y en otros fue subestimado un factor esencial de la vida y la historia: la espiritualidad. Sucesivas mitificaciones, derivadas de las limitaciones del conocimiento y de los avatares de la evolución social del género humano, impedían considerar en su verdadero carácter la subjetividad.

Hoy constituye un compromiso moral y científico de los socialistas colocar las más nobles aspiraciones éticas y espirituales, como un producto de la creación humana y social, sólo de esta forma podrá reconocerse objetivamente su valor. La filosofía de C. Marx y F. Engels tiene profundos fundamentos culturales; en ella la moral está situada en el centro de su acción política. La creación intelectual y revolucionaria de Marx, Engels y Lenin es la más sólida fundamentación científica social de una ética como la necesaria para la humanidad en estos tiempos "postmodernos". Constituye la más elevada expresión intelectual de la liberación humana y esto último es en esencia una cuestión ética, y a su vez la primera exigencia política y revolucionaria en estos finales de milenio.

Sólo con tal exaltación seremos leales a quienes murieron por la causa sagrada de los trabajadores, y de esta manera se podrá entender mejor el significado de los dislates cometidos, que condujeron en un largo proceso al colapso del país soviético; no basta con denunciar los crímenes en nombre del socialismo, era necesario estudiar las raíces históricas culturales y psicológicas de los mismos.

Marx y Engels no se plantearon elaborar un sistema de valores éticos. No fue ésta la misión que habían concebido, ni incluso la que objetivamente podían abordar en la Europa de esa época. Lo ético en ellos ha de buscarse en el sentido de sus vidas, en su pasión por la verdad científica y la justicia entre los hombres.

El valor moral del pensamiento de estos sabios nos obliga a marchar hacia una nueva y radical interpretación de la historia, válida en la medida en que responda a los intereses de toda la humanidad. Para asumirlos e incluso captar sus más puras esencias, es necesario hacerlo desde la práctica. Sólo cuando unamos nuestros sentimientos, emociones y acciones estaremos en aptitud de entender el mensaje de liberación humana de estos pensadores revolucionarios. La toma de conciencia ética acerca de una verdad de tal significación es ruta decisiva para arribar a la Filosofía de la Ética.

Para llegar a la victoria definitiva de la razón ha de fortalecerse y coronarse con principios éticos. Para esto es imprescindible desarrollar la facultad de asociarse con los demás hombres hacia fines que correspondan a los intereses materiales y espirituales comunes. A ello orgánicamente se arriba desarrollando nuestros conocimientos, sentimientos y emociones hasta alcanzar el amor, fuerza objetiva de la vida y de la historia como lo prueba la evidencia. Tiene razón Frei Betto cuando caracteriza el socialismo como "la fórmula política del amor". Si no se alcanza esta comprensión y no se asume como dialéctica entre las voluntades individuales y sociales, la civilización moderna continuará en su gravísima crisis, y lo más triste es que quizás pueda ser la última.

Debo reiterar que la ilustración rechazó los mitos, porque muchos de ellos venían distorsionados por las más viles pasiones humanas, pero de hecho se acabó promoviendo el mito de la ciencia y la técnica. No hay a estas alturas argumentos para negar la importancia de los mitos y los paradigmas en la historia; sin ellos desaparecería el sentido ético de la vida y el papel funcional de la cultura, sin el cual las civilizaciones decaen y mueren.

Los grandes movimientos sociales que enrolan la acción de millones de seres humanos, alcanzan esas dimensiones y promueven cambios prácticos y duraderos por las necesidades económicas, las cuales constituyen su motivación sustancial o de fondo. Tales cambios ganan en profundidad y coherencia, y por tanto pueden materializarse apoyados en paradigmas, los cuales revelan ante millones de personas la correspondencia entre la idea de la justicia y los intereses materiales. La cultura ha mostrado su importancia decisiva, surge de esta forma la necesidad del proyecto de la utopía realizable hacia el futuro.

Es la voluntad humana apreciada en su más amplia acepción social y el conocimiento de la realidad y la cultura, lo objetivamente necesario para hacer avanzar el movimiento en favor del socialismo.

El hecho de estar condicionado por factores en última instancia económico-materiales, no es excusa para quedar esperando en la puerta de nuestras casas que las leyes económicas y sociales nos traigan la solución de las dolorosas tragedias y las calamidades. En el materialismo de Marx y Engels está presente la posibilidad y la necesidad de transformar el mundo en favor de la justicia. Para defender los intereses de las masas trabajadoras y explotadas, y enfrentar los elementos de desorden del sistema social imperialista, debemos exaltar la historia de la cultura humana desde la más remota antigüedad hasta el fin de milenio, sin traumas ni "ismos" ideologizantes.

Desde Cristo y Espartaco, hasta el Che Guevara, hay una historia de retrocesos y avances, pero ha quedado en pie, erguida, la imagen de los grandes forjadores de las ideas redentoras y es obligación de quienes sentimos el ideal socialista, asumir su herencia espiritual y alertar sobre los gravísimos problemas que una nueva fase de la internacionalización de las riquezas a la que llaman globalización se viene gestando en el mundo. Sólo a partir de los descubrimientos de Marx y Engels, la humanidad podrá realizar la síntesis necesaria de toda la historia del pensamiento, y para hacerlo se deberá reconocer que son los hombres quienes hacen la historia, y la realizan a partir de condiciones y fundamentos concretos.

Por sus grandes descubrimientos Marx ha perdurado y continuará inmortalizado por los siglos, como proclamó ante su tumba su ilustre amigo Federico Engels; de él podríamos decir exactamente lo mismo.

II. MARX Y ENGELS EN LA REVOLUCIÓN CUBANA

———————————

Cuba ¿por qué existe un sólo partido?[40]

La existencia de un sólo partido en Cuba, el de la Revolución, no fue resultado de la copia o importación de un "modelo" extranjero; sino consecuencia de una realidad histórico-concreta, producto de la evolución de las luchas sociales y políticas de nuestra nación. Es más, debemos recordar que en una buena parte de los países donde existió el socialismo había diversidad de partidos, y ello no fue garantía de una verdadera democracia; no es el pluripartidismo lo que decide el carácter democrático de una nación.

Tratar de imponer un esquema a un país determinado, enarbolando "principios universales" sobre cuestión tan concreta e inmediata de su realidad, es inaceptable. Se incurre en este error cuando en nombre de una experiencia válida para tal o cual nación, o incluso para varias, se quiere establecer en otros territorios como patrón de valor universal. Es dogmático asegurar que todas las naciones son tributarias del pluripartidismo y de la teoría de los tres poderes; las soluciones a estos problemas son histórico-concretas y no pueden resolverse, mucho menos en el socialismo, sobre fundamentos de un esquema o modelo de validez universal.

Las formas que en una sociedad determinada adopta la democracia, vienen condicionadas por particularidades específicas, y no por un rígido esquema impuesto, que acaba convirtiéndose en su propia caricatura. En la historia política de nuestro país, ni el pluripartidismo, ni la teoría de los tres poderes resolvió la cuestión de la democracia.

En Cuba antes de 1959 existía el pluripartidismo; pero no había un partido socialdemócrata, democratacristiano, ni socialista al estilo francés, chileno o español. Ninguna de estas corrientes cuajó en un programa y en un partido como los existentes en otros países. La derecha no necesitaba un partido coherente con una ideología conservadora que le permitiera defender sus intereses, porque propiamente era parte del sistema imperialista norteamericano. Esa derecha expresaba los intereses de la oligarquía de los Estados Unidos; poseía resortes para protegerlos, entre otros el ejército con Batista al frente. Subsistían varias organizaciones políticas, pero ninguna de ellas se proclamaba con una coherencia ideológica conservadora, socialdemócrata o demócratacristiana.

En la mayoría de los partidos convivían ladrones del tesoro público, magnates azucareros, ganaderos, comerciantes, politiqueros de la peor especie, junto a gente sencilla y honesta del pueblo, que no había encontrado una plataforma política propia para la solución a sus problemas sociales. El tirano Fulgencio Batista proclamaba que su partido era de carácter popular. El común denominador de todos los partidos era el populismo, la demagogia y el caciquismo político.

Concurrían también un partido comunista y una serie de otros partidos; en los cuales la composición de fila era muy heterogénea, podíamos observar en ellos una amplia base popular con sentimientos patrióticos y nacionalistas, e incluso un pensamiento de izquierda avanzado; como por ejemplo el Partido del Pueblo Cubano (Ortodoxo).

Esto tiene raíces históricas, como hemos señalado, en el siglo XIX donde existieron dos corrientes políticas a considerar:

1. La de la independencia, encabezada por el Padre Félix Varela, a principios del siglo XIX, y por José Martí, en los finales de esa centuria, que proclamaba la independencia de Cuba tanto de España como de los Estados Unidos, la abolición de la esclavitud y la superación radical de la discriminación racial.

2. La de carácter reformista dentro del régimen colonial español, sus principales representantes tenían un pensamiento burgués

avanzado, pero los inhibía el temor que la independencia condujera la isla a manos norteamericanas.

El reformismo en el siglo pasado, y por tanto las raíces más conservadoras, o menos revolucionarias de la sociedad cubana siempre fueron antiyanquis. Si no se entiende esto, no se comprende la historia de Cuba. Los reformistas rechazaban también la liquidación radical del régimen esclavista, y aunque algunos propugnaban su abolición gradual, no rebasaban un pensamiento ni una acción política como la demandada por la composición real de la sociedad cubana.

Es cierto que en la primera parte del siglo XIX, existía otra corriente en Cuba, orientada hacia el objetivo de que nuestro país se convirtiera en un estado más de la Unión Norteamericana, pero al negar la existencia de la nación, no hicieron un aporte real a la tradición política genuinamente cubana. En otras palabras fue el partido de la antinación, de lo anticubano, de quienes querían la anexión a Norteamérica. Los anexionistas estuvieron muy unidos a los intereses del sistema esclavista norteamericano, pero el anexionismo perdió todo fundamento en la realidad. Tenían interés de convertir a Cuba en un estado más del sur de los Estados Unidos. Esta corriente fue liquidada totalmente con el desarrollo de la conciencia nacional.

La cubanía de raíz española y africana, y de vocación latinoamericana, promovió las guerras por la independencia de Cuba, iniciadas el diez de octubre de 1868.

El reformismo, también de raíces culturales españolas, estuvo representado en un partido conservador con diversos nombres, el mismo llegó a promover el sistema autonomista dentro del régimen colonial español. Pero acabó sin posibilidades algunas, porque al extinguirse la colonia e instaurarse la neocolonia, el pensamiento conservador cubano naufragó en brazos norteamericanos y se liquidó definitivamente.

Por eso es difícil hablar de un partido conservador de ideas y programa, con raíces en la sociedad cubana durante el período neocolonial. Realmente la inmensa mayoría de esos partidos servían a los intereses del gran capital norteamericano, y no pudieron nunca plasmar un programa netamente cubano que se asentara en las realidades sociales y políticas de nuestro país.

En el siglo XX, y tras la independencia formal de la isla, tampoco el anexionismo podía tener sentido, porque los Estados Unidos habían logrado el dominio de Cuba a través de la república neocolonial. El reformismo había fracasado históricamente, y el anexionismo se convirtió dentro de la república mediatizada, en innecesario, porque ya desde el punto de vista económico Cuba estaba anexada al sistema imperial, y el ejército profesional era protector de los intereses norteamericanos.

A principios del siglo XIX, el temor a que la abolición de la esclavitud trajera grandes trastornos sociales y la preocupación de que Cuba separada de España cayera en manos yanquis, inhibió a diversos gérmenes burgueses. El ala más radical de tales gérmenes, la más consecuente políticamente, se encontraba en el Oriente del país, fueron precisamente ellos los que se unieron a sus esclavos, decretaron su libertad e iniciaron las luchas por la independencia en 1868.

En 1878 la división entre los patriotas, hizo naufragar la lucha armada en lo que se conoció como el Pacto del Zanjón; la paz sin independencia y sin abolición de la esclavitud. Fue entonces cuando desaparecieron las posibilidades de un desarrollo burgués independiente en el país.

Se puede concebir teóricamente, que se podría haber generado una burguesía cubana independiente tras las victorias de la guerra de independencia. Los campesinos, los esclavos recién liberados y los hijos de las capas medias radicalizadas, muchos de ellos con altos niveles de cultura, podrían haber creado las condiciones para un desarrollo burgués en el país. Sin embargo, hay un hecho clave que lo impidió: el imperialismo norteamericano subordinó cualquier aspiración de capitalismo independiente a los interesas hegemónicos de la economía imperial en ascenso. Surgieron capas burguesas, pero integradas a los intereses de los grandes consorcios internacionales, las cuales fueron alejándose cada vez más de las tradiciones revolucionarias y democráticas del siglo XIX cubano.

Durante la república neocolonial, la composición social del país era esencialmente de campesinos y de trabajadores del campo; empezaban a germinar muy primariamente núcleos de proletarios y existía una amplia pequeña burguesía pobre, además de capas medias desposeídas que no tenían fáciles posibilidades de ascenso social. Muchas de estas últimas eran profesionales e intelectuales. Obsérvese esta composición de clase descrita por Fidel Castro, en el siguiente fragmento de su célebre alegato *La Historia me Absolverá*:

> Nosotros llamamos pueblo si de lucha se trata, a los seiscientos mil cubanos que están sin trabajo deseando ganarse el pan honradamente sin tener que emigrar de su patria en busca de sustento, a los quinientos mil obreros del campo que habitan en los bohíos miserables, que trabajan cuatro meses al año, y pasan el resto compartiendo con sus hijos la miseria, que no tienen una pulgada de tierra para sembrar y cuya existencia debiera mover más a compasión si no hubiera tantos corazones de piedra, a los cuatrocientos mil obreros industriales y braceros cuyos retiros, todos, están desfalcados, cuyas conquistas les están arrebatando, cuyas viviendas son las infernales habitaciones de las cuarterías, cuyos salarios pasan de las manos del patrón a las del garrotero, cuyo futuro es la rebaja y el despido cuya vida es el trabajo perenne y cuyo descanso es la tumba, a los cien mil agricultores pequeños, que viven y mueren trabajando una tierra que no es suya, contemplándola siempre tristemente como Moisés a la tierra prometida, para morirse sin llegar a poseerla, que tienen que pagar por sus parcelas como siervos feudales una parte de sus productos, que no pueden amarla, ni mejorarla, ni embellecerla, plantar un cedro o un naranjo porque ignoran el día que vendrá un alguacil con la guardia rural a decirles que tienen que irse, a los treinta mil maestros y profesores tan abnegados, sacrificados y necesarios al destino mejor de las futuras generaciones y que tan mal se les trata y se les paga, a los veinte mil pequeños comerciantes abrumados de deudas, arruinados por la crisis y

rematados por una plaga de funcionarios filibusteros y venales, a los diez mil profesionales jóvenes, médicos, ingenieros, abogados, veterinarios, pedagogos, dentistas, farmacéuticos, periodistas, pintores, escultores, etc., que salen de las aulas con sus títulos deseosos de lucha y llenos de esperanza para encontrarse en un callejón sin salida, cerradas todas las puertas, sordas al clamor y a la súplica. Ese es el pueblo, el que sufre todas las desdichas y es por tanto capaz de pelear con todo el coraje.

Se apreciará que ninguna de las capas a que Fidel se refirió puede conceptuarse como burguesía nacional. Y no fue mencionada porque tal "burguesía democrática" no había cuajado históricamente como una clase social con personalidad independiente, no tenía fundamentos políticos, ni culturales arraigados en la sociedad cubana, ni muchos menos en la historia del país. Había vendido su "alma al diablo", al imperialismo norteamericano.

Los burgueses más reaccionarios y poderosos estuvieron unidos a Batista, y fueron con el ejército profesional su soporte político y social real. En tales condiciones se produjo el inmenso movimiento popular, que desencadenó la lucha revolucionaria de masas hasta alcanzar la victoria del 1 de enero de 1959.

Las tres organizaciones políticas que integraron el proceso de la revolución triunfante se sintieron parte esencial del mismo: el Movimiento 26 de Julio, liderado por Fidel y que constituyó la fuerza principal en la lucha; el Directorio Revolucionario, de origen estudiantil y el Partido Socialista Popular. Cada una desde su óptica realizó una importante contribución. Estas tres corrientes expresaron las aspiraciones y la unidad de las masas del pueblo, se integraron en un sólo partido, suscribieron el programa socialista de la Revolución y fundaron en 1965 el Partido Comunista de Cuba.

La inmensa mayoría de la militancia de fila de las restantes organizaciones políticas del país aceptó el programa revolucionario y se incorporó al enfrentamiento contra el enemigo imperialista. Muchos de ellos incluso pasaron a militar en el nuevo partido, otros abandonaron el país y cayeron de brazos de los intereses yanquis; estos últimos en algunos casos se hicieron ciudadanos norteamericanos y con esta identificación promueven la política contra Cuba.

La disyuntiva fue pues abrazarse a los intereses de la nación o traicionar a la misma. Se cumplía el pensamiento de los más consecuentes patriotas cubanos del pasado, expresado en aquella frase de uno de los más grandes intelectuales y educadores cubanos de finales del siglo XIX y primeras décadas del XX, Enrique José Varona, cuando dijo: "No se puede ser patriota cubano sin ser antiimperialista".

Quien no entienda el carácter de esta disyuntiva, expresada en la realidad concreta de la historia cubana, desde la época en que los primeros presidentes norteamericanos (hace cerca de dos siglos), pusieron su mirada sobre nuestra isla y también sobre las Antillas, no comprende la esencia del problema planteado. Lo que estamos defendiendo hoy en Cuba no es sólo el futuro de la nación cubana, sino también el sentimiento antiimperialista que está en la esencia del latinoamericanismo.

Nuestra disyuntiva histórica desde que surgieron las primeras ideas a favor de la independencia, y especialmente a partir de Martí fue: latinoamericanismo o entrega al imperialismo. La democracia en Cuba para ser profunda, verdadera y suficientemente amplia, toma como punto de partida irrenunciable el antiimperialismo y el latinoamericanismo. En realidad estamos defendiendo una cultura política con fundamentos históricos iberoamericanos combinados con la influencia africana. Estos son hechos sin cuyo reconocimiento no es posible hablar de democracia cubana.

En los países de Europa del Este, que iniciaron el proceso hacia el socialismo, el problema de la identidad nacional y de los factores históricos culturales, operaron a la inversa de lo ocurrido en nuestro país. La identidad nacional cubana es de fundamentos antiimperialistas, aquí se promovió por la vía del patriotismo al ideal socialista. Determinadas tradiciones culturales, ideológicas y políticas de raíces económicas en otros países, no pudieron ser rebasadas por el pensamiento socialista.

En la historia de Cuba el ideario nacional se articuló con las ideas socialistas, de forma tal que hoy la negación del socialismo equivale a la negación de la nación y de la democracia. Sobre tal hilo histórico y político la ampliación de la democracia constituye una necesidad funcional de la sociedad cubana.

Sin tomar en cuenta que la confrontación esencial de nuestra historia ha sido la del latinoamericanismo de un lado, y la del hegemonismo de los círculos gobernantes del imperio yanqui del otro, no es factible hablar de democracia en Cuba. El pensamiento y el programa de la nación cubana tienen fundamentos esencialmente antiimperialistas y latinoamericanistas, y buscan la vía democrática a partir de tales esencias. En Cuba no hay diálogos factibles con el pensamiento anexionista y con quienes quieren entregar el país a los brazos de la ideología de pretensiones hegemónicas del imperialismo norteamericano.

Nuestra identidad, nuestra cultura y por tanto nuestra democracia, se mueven en el espectro amplísimo del latinoamericanismo, del antiimperialismo, y poseen vocación de servicio universal que en nuestro caso anda por los caminos del socialismo.

Cuba seguirá siendo socialista[41]

Es obvio, el gobierno de Washington aspira a que regresemos al capitalismo, desearía convertirnos en un nuevo Miami. Para ello pretenden reeditar en Cuba las tácticas utilizadas en Europa del este; pero en nuestro país eso es imposible, porque la base social y la tradición cubana es bien diferente a la de aquellos países. Con la caída del Muro de Berlín vendrán para nosotros tiempos difíciles, sobre todo tendremos problemas muy graves de seguridad, por la amenaza constante de los Estados Unidos; pero Cuba seguirá siendo socialista.

Hay traumáticas experiencias que se observan en la realidad actual de los antiguos miembros del campo socialista europeo, es ejemplarmente dramático lo que está ocurriendo. América Latina debe estudiar bien esa tragedia y enfrentarse al imperialismo desde su propia identidad.

Se ha puesto en crisis la famosa teoría de los "modelos"; ya no sirve la referencia al modelo soviético, al chino o al cubano. El mundo ha cambiado, y por tanto es necesario pensar con mentalidad radicalmente nueva. Hay que atenerse a principios éticos y a lo que enseña la experiencia de la propia historia.

A quienes acusaron a Cuba de no aceptar la perestroika, les respondo que en nuestro país sí necesitamos cambios, pero no para regresar al pasado, si no para avanzar hacia el porvenir; los nuestros son auténticamente cubanos y latinoamericanos. Así seremos más revolucionarios. Si hubiéramos realizado las reformas, en dirección a lo que señalaban quienes no conocen la historia de Cuba y en especial el carácter de sus relaciones con Estados Unidos, la isla se habría convertido en un centro de la mafia y el juego ilícito internacional. Esto es lo que quería y quiere la oligarquía yanqui. Nosotros sí cambiamos y lo hacemos de manera constante y sistemática, pero para ser más socialistas y consecuentes con la historia latinoamericana y caribeña, que representan Bolívar y Martí, y toda una legión de próceres y pensadores de nuestra América. No concebimos el socialismo sin fundamentos democráticos. El socialismo es democrático o no es socialismo, debe ser la expresión más alta de la democracia, entendida como la justicia entre los hombres. No se pueden disociar socialismo y democracia. Pero es más lo que está en juego en Cuba, no es sólo la democracia y el socialismo, es la nacionalidad misma. Los cubanos no tenemos alternativa, si damos un paso atrás nos destruiremos como nación, por esto defendemos las conquistas del socialismo. Será esta nuestra contribución a los cambios que el mundo necesita.

Nadie piense que Cuba está sola[42]

Nadie parece excluido de los efectos políticos y psicológicos que sobretodo el mundo han tenido los sucesos de Europa del Este. La confusión y la incertidumbre han sido las primeras reacciones de la izquierda y de los partidarios de las causas progresistas. Los sucesos la han tomado desvertebrada y sin el aliento batallador de los años 60 y 70. Había males profundos requeridos de curas radicales, pero los tratamientos salieron de las entrañas de ellos mismos. La euforia triunfalista fue la reacción de la derecha conservadora, vale la pena reflexionar sobre el asunto.

Los graves problemas del llamado "socialismo real" se incubaron cuando se limitó y coaccionó la voluntad social, se consideró a las masas como una entidad amorfa, pasiva e indiferenciada, y se subordinaron y centraron las posibilidades del desarrollo histórico exclusivamente en las leyes de la economía. No se entendió con todo rigor que la dimensión cultural del desarrollo está en la naturaleza del socialismo; no se comprendió la dialéctica de la relación entre cultura y economía. Se intentó abordar el papel de la subjetividad por vías ejecutivo-administrativas; no se creó el clima de fraternidad y solidaridad humana necesario para el crecimiento de la cooperación social y ésta es presupuesto del verdadero socialismo.

El humanismo de la Revolución cubana tiene su base social en nuestra América y se proyecta hacia el Tercer Mundo. Al no ser comprendido y asumido en su tiempo por el "socialismo real", a este le resultó imposible abordar los problemas que le aquejaban, perdiendo las esencias del internacionalismo de Marx y el antiimperialismo de Lenin, hasta desembocar en el derrumbe.

Las contradicciones entre los pueblos del Tercer Mundo y las oligarquías dominantes de un grupo de países desarrollados, constituían el reto principal de los revolucionarios del siglo XX. Hay tres conclusiones sobre las cuales debemos reflexionar:

1. La superación de la bipolaridad era una necesidad de la creciente internacionalización de las fuerzas productivas, y por consiguiente de la evolución económica y política del mundo.

2. Como no se hizo desde la izquierda, ocurrió desde la derecha.

3. Desde la izquierda solamente podría hacerse promoviendo la lucha de liberación nacional en Asia, África y América Latina y tratando de vincularla con las ideas del socialismo.

Este es el reto que tenía ante sí el socialismo. Hoy el problema del Tercer Mundo sigue estando presente y se complica para el imperialismo, porque como todos conocemos hay también un Tercer Mundo en el seno de los países desarrollados.

En cuanto a Cuba puede tenerse la seguridad de que tales hechos, a pesar de considerárseles una tragedia histórica de proporciones incalculables, no van a dejarnos enclaustrados, inhibidos o desalentados. Nunca antes ha sido más alta la imaginación creadora de la Revolución cubana.

En el orden de los peligros reales, no vamos a ser ingenuos, no sólo existen, sino que se incrementan; pero en el orden político ahora podremos probar de una manera definitiva, lo que desde hace años venimos postulando: estamos unidos al futuro de nuestra América, porque nacimos de las entrañas de este continente, de sus dolores y angustias. De la madre América somos hijos y a ella nos debemos.

La izquierda y por consiguiente el socialismo (aunque cueste años), se enrumbará por los derroteros y causes adecuados. Específicamente en América Latina estos rumbos suponen la siempre renovada necesidad de unidad, la diáfana claridad frente al enemigo principal y la claridad de las relaciones entre la teoría consecuente y el rechazo a especulaciones seudo políticas, cuya esterilidad se centra en contraponer modelos. Pero no tengo la menor duda de que emergerá, o está surgiendo ya una nueva izquierda.

En el combate contra la falaz propaganda imperialista se está librando una de las primeras batallas políticas de los nuevos tiempos. Una vez más se cumplirán los principios enunciados por Marx y Engels hace más de un siglo. Sólo que a las contradicciones descritas por ellos, debe agregársele las existentes entre las clases conservadoras de un grupo reducido de países y el Tercer Mundo. Esto lo había denunciado ya en sus detallados análisis Lenin, pero como sabemos no se entendió cabalmente el asunto, ni se le extrajeron todas sus consecuencias.

Los nuevos tiempos no podemos conocerlos en sus contornos específicos, y yo no voy a tener la pretensión de describirlos; pero para lograr descifrar mejor su naturaleza, es bueno observar y analizar lo que ha quedado atrás. Eduardo Galeano, refiriéndose a la caída de varios regímenes de Europa del Este, en un excelente artículo aparecido en el diario *La Jornada,* de México, titulado *El niño perdido en la intemperie*, decía que "estos funerales se han equivocado de muerto". Efectivamente quizás el imperio en su euforia no puede ver con claridad, que después de esta sacudida telúrica la izquierda podría iniciar un camino como el que no pudo hallar en las décadas anteriores en la práctica revolucionaria.

Se ha desplomado la teoría de "los modelos", y por ende ha sufrido un colapso definitivo el dogma. Por cierto, siempre me pareció extraña la teoría de los modelos aplicada a largos procesos históricos que están por venir. Ellos tal y como se interpretaban y aplicaban en los últimos 40 años, han desaparecido, y tengo la esperanza que sea por mucho tiempo. Ahora cada revolucionario y cada pueblo tendrán que pensar por sí mismos, y atenerse a su propia y muy concreta historia real. No es que se vaya a dejar de examinar cómo hacen las cosas en otras partes, ni de defender principios universalmente válidos, pero se hará sólo como punto de partida, de referencia, de orientación o de enseñanza, pues sólo así las experiencias pueden ser de utilidad.

La historia muestra que las revoluciones triunfantes en el mundo no se acogieron a "modelos" o a rígidos patrones. Recuérdese a Lenin, quien dirigió la Gran Revolución Socialista de Octubre de 1917, en contradicción con el modelo clásico de un marxismo que por permanecer congelado en el tiempo, estaba ya fuera de época, un marxismo que había dejado de ser marxista. Pocas veces se entiende cabalmente que la esencia del pensamiento científico y revolucionario de Marx y Engels no aspiraba a unas rígidas pautas, sino a una teoría y un método para analizar y estudiar la sociedad y su evolución concreta. Esto es lo que hicieron los tres más grandes y consecuentes marxistas del siglo XX: Lenin, Ho Chi Minh y Fidel Castro.

Uno de los errores teóricos cometidos en y contra el socialismo, desde la muerte de Lenin, está en no haber comprendido o no haberle extraído sus consecuencias prácticas a aquella definición del fundador del estado soviético, de que "el marxismo era una guía para la acción", como he afirmado varias veces a lo largo de este texto. Ha resultado difícil percibir lo que significa la expresión teoría, guía, método, para estudiar e investigar la realidad. Lo cierto es que quienes entendieron las ideas de Marx y Engels en el sentido cabal, fueron a sus esencias, las aplicaron a la realidad objetiva concreta que tenían delante y lo hicieron con inteligencia y sin concesiones, pudieron promover un cambio revolucionario en la historia. Esta es la primera y seguro la más importante experiencia que la Revolución cubana presenta para América y el mundo.

No pedimos se nos defienda en nombre de "nuestro modelo", sino por el hecho de ser consecuentes latinoamericanos y tener el derecho a escoger el camino que estimemos más adecuado. Hemos llevado a cabo una revolución, porque surgió fuera del esquema o modelo establecido. Así son siempre las verdaderas revoluciones. En la medida en que en nuestro país se ha sido consecuente y fiel a este principio, hemos avanzado. Y cuando hemos copiado de otra realidad o contexto, hemos cometido errores. Estamos aquí y seguimos siendo un ejemplo, una enseñanza para América Latina, porque no hemos cometido un error estratégico irreversible. Valdría la pena relacionar en qué hemos avanzado y en qué hemos errado, para apreciar que tanto en un caso como en otro, están relacionados con la capacidad de crear o con el mimetismo frustrante.

Cuando era estudiante, el personalismo en política lo identificábamos como bonapartismo. Luego de las denuncias contra Stalin, en el XX Congreso del PCUS, en 1956, se extendió por el mundo la idea de identificar el personalismo político con la expresión "estalinismo". Fue sin dudas una victoria psicológica de la derecha. Pues bien, esto que ya es pasado enseña algo que debemos destacar para retomar el hilo histórico.

A Marx, a Engels y a Lenin no se les puede acusar de estalinistas..., se trata precisamente de lo contrario. No quiero introducirme en el análisis de Stalin. El juicio más profundo y confiable de este personaje, lo harán los comunistas del siglo XXI. Sí debo destacar en relación al estalinismo y a sus efectos, que esa es una historia distinta a la de la Revolución cubana. Nuestra revolución no tuvo ese origen; aquí llegamos al marxismo y al leninismo partiendo de los problemas reales de la lucha social y política, así como del análisis concreto de cómo se entroncó el pensamiento de José Martí, con el de Julio Antonio Mella, retomado con fuerza en la década del 50 por Fidel Castro.

Los cubanos no abjuramos del pensamiento de Marx, Engels y Lenin, porque con ello hemos conquistado una suma de libertades y derechos, mucho más amplia que los que jamás había tenido nuestro pueblo. No somos oportunistas, no vamos a renunciar a lo que nos ha dado la posibilidad de ser un país respetado en el mundo, y con libertades genuinas como las que no tenían en el pasado las inmensas masas de analfabetos, desempleados. Ellos veían morir a sus hijos de enfermedades curables por no tener ni médicos, ni medicinas. No lo abandonaremos porque estamos adscriptos al pensamiento científico más avanzado.

El Che Guevara solía decir que de la misma forma que los físicos se adscriben al pensamiento de Newton o de Einstein, los luchadores sociales lo hacían al de los clásicos del socialismo.

Los acontecimientos de Europa del Este no sólo han convertido en pasado al estalinismo, sino también al dogmatismo de derecha; en este argumento nunca creímos los cubanos. Ya no se puede esgrimir la existencia de la amenaza de potencias extracontinentales. El hecho de que se marche a un mundo monopolar es sumamente peligroso, en especial para Cuba que se encuentra en el borde delantero del combate antiimperialista, pero el peligro no se enfrenta con concesiones, sino con firmeza. Ya a los yanquis no les quedan más argumentos contra nuestros pueblos, que su propio interés de dominación hegemónica y tratar de obligarnos a aplicar su modelo. Esta es la realidad y para ser consecuentes con nuestros principios, los cubanos estamos dispuestos a resistir, a combatir, y sabemos que la más mínima blandenguería, como lo muestra de manera dramática la experiencia europea es lo peor, por ello no haremos la menor concesión al imperialismo.

En mi viaje a la Argentina, con motivo de la Reunión de Ministros de Cultura de América Latina, el pasado mes de enero, recordaba que Perón había dicho, que nuestro continente a finales del siglo XX, estaría "unido o sometido". Un peronista allí presente me subrayó que además se había referido a la amenaza soviética y a la existencia de los dos imperialismos. En Mar del Plata le respondí al amigo peronista que conocía ese pensamiento, pero, ¿por qué entrar ahora a discutir la posible amenaza extracontinental, y la existencia de dos imperialismos, si ya la vida había rebasado esa cuestión? Hoy han aparecido las posibilidades de unir a todos los latinoamericanos contra el único enemigo real de nuestra América: el imperialismo yanqui.

Debemos extraer todas las consecuencias al hecho real, de que quien está hoy sólo en el hemisferio occidental, es el imperialismo norteamericano. Nadie piense que Cuba está sola; sólo está el imperio con su inmenso poder, tratando con su barbarie de abrir una nueva etapa de desunión entre los pueblos. Si comete un error con relación a nuestro país pueden comenzar a cavar su propia sepultura, porque Cuba convertida en un Vietnam desde el Caribe, será el principio del fin del hegemonismo yanqui en este hemisferio.

Se han aclarado las brumas y confusiones que no permitieron comprender cabalmente en décadas anteriores, que una contradicción esencial del mundo moderno era la lucha entre un grupo de países altamente desarrollados, con el imperialismo norteamericano al frente, y el mundo subdesarrollado de Asia, África y América Latina. Ha desaparecido toda la confusión sobre este hecho esencial. Ha llegado la hora de estudiar y extraer, con imaginación y energía las consecuencias debidas de la historia antiimperialista de América.

El latinoamericanismo y el antiimperialismo están pues en el orden del día, y es por ahí por donde pueden empezar a revelarse las nuevas realidades. Ha llegado el momento de retomar y desarrollar la historia del pensamiento antiimperialista de América.

A propósito de un centenario: 1898-1998[43]

En las postrimerías del siglo XX, conmemoraremos el centenario de la Revolución de Martí (1895-98); cuyo desenlace se produjo con la intervención norteamericana en la gesta libertaria. El hecho de que en 1998 habrá transcurrido un siglo de aquellos acontecimientos nos invita a una reflexión sobre los mismos. Como se sabe, Lenin los caracterizó como uno de los episodios claves del advenimiento del imperialismo en tanto fase superior del capitalismo. En 1998 hará pues un siglo del imperio yanqui en el mundo.

En tales circunstancias se hace necesario emprender una lectura de izquierda de la historia de nuestra centuria; lectura por cierto, de la que tan necesitada está la modernidad surgida tras el dramático desenlace en los finales de los ochenta y principios de los noventa, del proceso iniciado por Lenin y los bolcheviques en 1917. La misma servirá para sortear con rigor científico los contradictorios problemas teóricos y políticos planteados a las ciencias sociales y culturales de nuestra época. En fin, las presentes notas se proponen incitar a pensar acerca del centenario del imperialismo.

Es bien sabido que tras la muerte de Lenin, el pensamiento filosófico, económico, social y político de Marx, no pudo desarrollarse hacia la valoración de los hechos más importantes de nuestra centuria, en la medida requerida por las nuevas exigencias revolucionarias; sin embargo, estamos convencidos de la validez de sus grandes descubrimientos.

En la actualidad se requiere del conocimiento, la información y la capacidad intelectual de elaborar ideas capaces de orientarnos, por el camino de la práctica política y de la movilización social. Se trata de una cuestión relacionada con el enfrentamiento a la injusticia, con una cultura ética y una sensibilidad profundamente revolucionaria, nacida de la lucha de clases y de la evolución de las ideas políticas. No hay acción revolucionaria posible, si no hay toma de conciencia política acerca de la necesidad de combatir la injusticia. Este es un vasto problema ético cultural, al que no podemos renunciar sin renunciar a ser revolucionarios.

En la esencia del pensamiento de Marx y Engels, está la aspiración de que la humanidad pueda orientar conscientemente el curso de la historia. Hasta hoy han sido las leyes ciegas de los procesos sociales y económicos las que han condicionado el rumbo histórico. De lo que se trata es de asumir, de forma consciente, sobre el presupuesto del análisis científico de la evolución social y económica, la responsabilidad de guiar los acontecimientos en favor de la justicia e igualdad entre los hombres. Esto, desde luego, no puede hacerlo un hombre aislado, lo debe realizar una voluntad colectiva guiada por una vanguardia política.

Una nueva civilización quiere consolidar y ampliar su dominación, y amenaza con destruir las formas jurídicas, sociales y culturales expresadas en la idea de la identidad espiritual de nuestros pueblos. El sojuzgamiento de nuestras naciones, con el pretexto del progreso científico y técnico, significa una visión parcial, anticientífica e inhumana del concepto de desarrollo. Esto crea en el orden político y económico problemas de enorme significación. Un criterio desarrollista que se atiene de manera exclusiva, a los aspectos materiales de la cuestión tal y como sucedió con el advenimiento del imperialismo, crea determinadas problemáticas que se convierten más tarde, en fuente de los más diversos conflictos.

Todavía perviven en nuestra América luchas étnicas y sociales arrastradas desde la conquista. No siempre las comunidades humanas pueden ser exterminadas desde su raíz. La experiencia enseña en las más diversas latitudes, que la subestimación de la problemática social, cultural, étnica, etc., ofrece tenaz resistencia a la acción "civilizadora extranjera". En muchos casos se provocan situaciones dramáticas mantenidas durante décadas, e incluso siglos, que no tienen a la postre fácil solución.

Hay también ejemplos en los cuales los conquistados, con su cultura acaban conquistando al país agresor. Nadie debe olvidar las lecciones ofrecidas por la historia en este sentido. En cuanto al neocolonialismo y al imperialismo a pesar de su acción avasalladora, no han podido aplastar a las comunidades que se han resistido a verse sojuzgadas. La conclusión es que en una nueva etapa de expansión dominadora por los centros de poder imperialistas, la lucha por la defensa de nuestras culturas y los intereses económicos y sociales de nuestros pueblos, deben hacer resistencia a los efectos inhumanos de estas nuevas barbaries.

Vincular el concepto del desarrollo material con el del crecimiento y mejoramiento social y cultural, es la única respuesta válida, que exigirá empeños y luchas de diversa índole. En el terreno de los enfrentamientos económicos, militares y políticos, el asunto es muy complejo. Con el desarrollo del pensamiento revolucionario y de la cultura política, podemos levantar con toda dignidad, la necesidad de hacer corresponder cultura y economía.

Cuba sometida hace casi un siglo a la bárbara influencia norteamericana, se resistió al sojuzgamiento. Con su revolución triunfante en 1959, expresó el derecho a nuestra autodeterminación y a la defensa de los explotados. Ahí están su fuerza y su valer universales, está también el odio feroz que recibió, y recibe de diversos centros de poder en el mundo.

En la defensa de su identidad nacional, Cuba expresa el ejemplo de lucha de los oprimidos contra las fuerzas tecnológicas y económicas superiores del capital internacional.

Si se hace un análisis económico, en el sentido del materialismo vulgar, sin tomar en cuenta las relaciones sociales, culturales y políticas, tejidas durante milenios por los pueblos de los países subdesarrollados, concluiríamos que debemos ser aplastados por lo que ellos llaman una "civilización superior". Pero si consideramos que las relaciones sociales y los intereses económicos de los pueblos subdesarrollados tienen derecho a formar parte de la humanidad con plena autonomía, entonces tendremos que estar dispuestos a luchar por nuestra identidad.

En este sentido nuestro combate por la patria, por los valores propios de nuestra historia, es un ejemplo que revela un problema universal. Es el tema crucial que especialmente a partir de la intervención norteamericana en la Guerra Necesaria de José Martí, se puso de relieve en el mundo. Ello permanece en pie, y no se superará hasta que no se respete la soberanía nacional como un elemento esencial de la cultura política y social del mundo contemporáneo.

Cuando una poderosa red imperialista embiste cada vez con más fuerza contra nosotros, nos defendemos con mayor coherencia y dignidad, sólo de esta manera podemos proteger nuestro futuro. En la identidad cubana están representadas las raíces ibéricas y africanas, nuestra pertenencia a la América Latina y el Caribe, la tradición antiimperialista, la vocación de una democracia plena de raíz profundamente popular y la articulación que en este siglo se produjo entre esa tradición y el pensamiento socialista.

Así entendemos los elementos básicos de nuestra identidad, y como los mismos tienen una proyección continental e incluso universal; asumimos el pensamiento iluminado de Martí, cuando afirmó: "Patria es humanidad". Defendiendo nuestro país estamos defendiendo el ideal universal del humanismo y las aspiraciones legítimas de los pobres del mundo.

La burguesía que no existió[44]

Las razones de fondo de los errores de la interpretación histórica de los novísimos doctrinarios de fórmulas neoliberales para Cuba, se halla en no reconocer que en el país resultó imposible se fraguara una clase social burguesa, portadora de un ideal de cultura propio, capaz de representar a la Patria. Esto fue así por su evolución económico-social y por el carácter de la dominación hispánica y la interferencia del imperialismo norteamericano. Sin embargo, la nación se formó como resultado de las guerras de independencia, con sus antecedentes en el pensamiento separatista y abolicionista de la primera mitad del siglo XIX, cuya base social era eminentemente popular.

La evolución económica de Cuba, y las luchas políticas y sociales derivadas de ellas, se caracterizaron por una composición social en la cual predominaron las capas y sectores explotados. Ello generó una síntesis cultural de profunda raíz popular, de sólidos fundamentos políticos para las reivindicaciones de la población trabajadora y consiguientemente para las aspiraciones de justicia social. Se gestó un proceso de independencia nacional, latinoamericanista y antiimperialista de vocación universal. En otras palabras fraguó una cultura de resistencia y de liberación nacional y social.

Fue la unión de la población trabajadora y explotada del país con los patriotas cultivados, procedentes muchos de ellos de los sectores pudientes y otros de las capas medias y pobres, lo que estuvo presente en la génesis de la nación cubana, así como en su evolución ulterior.

Por estas razones, trazar una línea imaginaria para la historia nacional, a partir del pensamiento liberal burgués, como pretenden determinados ideólogos de la mafia floridana de origen cubano, equivale a desconocer el carácter de la sociedad cubana y la composición social de nuestro pueblo a lo largo de su bicentenaria historia.

En primer término, el pensamiento liberal burgués, tal y como se interpretó y asimiló en Cuba, es radicalmente distinto a como se expresó en Europa y Estados Unidos. La estructura social del viejo continente condicionó el hecho de que el pensamiento democrático burgués de los siglos XVIII y XIX, inicialmente popular y revolucionario, se convirtiera en conservador. En cambio, en nuestra sociedad, la composición social y la evolución económica determinaron que las ideas democráticas que nos llegaron de Europa se radicalizaran en favor del pueblo trabajador.

Tal diferencia está dada por dos hechos capitales: *primero,* la esclavitud y la estructura social de nuestro pueblo; *segundo,* el permanente enfrentamiento a la intromisión sistemática de potencias extranjeras en el proceso sociopolítico cubano y en especial en la gestación de la nación y en su evolución ulterior, como no ocurrió en Europa ni en Estados Unidos. Esta diferencia entre las doctrinas liberales burguesas de origen europeo y el cuerpo de ideas que acompañó al desarrollo de la nación cubana, debe entenderse para comprender a los más grandes pensadores de nuestro país.

Tales ideas no estaban referidas al plano intelectual o teórico, ni al individuo en abstracto, como ocurre en Europa y América del Norte, sino a los millones de seres humanos que sufren la miseria. Esto marca un cambio cualitativo en la evolución del pensamiento político y social que le sirvió de antecedente. El liberalismo en Cuba de raíz latinoamericana, es un antecedente del pensamiento revolucionario cubano.

La revolución al aplicar honesta y consecuentemente su programa democrático y popular, tenía que profundizarse y marchar hacia un programa netamente socialista. La clave del problema está en que tras el triunfo de la revolución, al promulgar el programa democrático y revolucionario de la Reforma Agraria y de la liberación nacional y social, se polarizaron las distintas clases sociales y de hecho se planteó la cuestión del socialismo como un requerimiento inmediato en la marcha de la revolución.

La interpretación de la historia de Cuba, sólo puede hacerse a partir del análisis de los acontecimientos principales de nuestro nacimiento y evolución como nación. Los doctrinarios del neoanexionismo hacen las cosas al revés: elaboran teorías sin tener en cuenta los hechos históricamente comprobados y conciben la fantasía de una Cuba que no existió.

Una utopía se puede forjar sobre la base de su posible realización hacia el futuro. Pero la historia realmente transcurrida no se puede describir, ni concebir como utopía. Ello sería una fantasía delirante que desde luego ni siquiera merece la caracterización de utopía. En la esencia de estos dislates se halla —como hemos dicho— el soñar con una burguesía nacional, que no ha tenido asidero en nuestra vida social, económica y cultural como para representar a la Patria.

Intentan ahora crearla desde la Florida, pero ya en todo caso ésta no será la heredera del pensamiento separatista y abolicionista de Varela, del Ejército Libertador, de Céspedes, de Agramonte, de Martí, de Gómez y Maceo, del Partido Revolucionario Cubano de 1892, ni de la tradición martiana. Ni siquiera podría considerarse continuadora de la mejor tradición reformista de la primera mitad del siglo XIX, que personifico en el patriota José Antonio Saco, porque éste era antianexionista y rechazaba la influencia norteamericana. Su cultura de sólidas raíces hispánicas, lo diferencia radicalmente de las pretensiones de subordinación a Estados Unidos.

La esencia de lo cubano está en la tradición antiimperialista y martiana que recibió la Generación del Centenario; ella nos vincula con el futuro revolucionario de los pobres y marginados de la tierra. En la cacareada época post-moderna se ven síntomas inequívocos de los colosales enfrentamientos futuros entre lo que se llamó Tercer

Mundo y el capitalismo norteamericano, con la advertencia de que también hay un Tercer Mundo en el propio territorio estadounidense. Con este sentido universal levantamos como bandera el humanismo de los pobres de la tierra.

Me hice marxista
a partir del sentido de universalidad
que nos forjó el ideal martiano[45]

Quiero comenzar recordando que en la tradición cubana, los empeños de pensamiento como línea fundamental han estado vinculados a los problemas inmediatos y más concretos que ha tenido el país. Por tal razón me intereso en una de las cuestiones decisivas del instante que vive la evolución de las ideas políticas cubanas: me refiero a la inserción del pensamiento marxista en nuestra identidad nacional.

Los criterios que se impusieron a escala internacional en la interpretación y aplicación del marxismo en el siglo XX, tenían raíces "aldeanas" en el sentido de ser radicalmente opuestas a los principios de universalidad que constituyen la esencia del pensamiento de Marx, Engels y Lenin. Cuando se impone una línea política sin un fundamento cultural, el resultado es precisamente lo opuesto a lo que se decía pretender. Esto fue lo que acabó ocurriendo en la historia del pensamiento socialista soviético, especialmente a partir de la culminación de la Segunda Guerra Mundial. Cuarenta años más tarde, era como si los mencheviques terminaran conquistando el gobierno del país soviético, y le abrieran paso al espíritu conservador de la vieja Rusia que tanto preocupaba a Lenin en sus últimos escritos.

Cuba está al otro lado de la geografía. Es necesario tener muy presente que en las Antillas nació la Edad Moderna, y en nuestro país se fraguó una síntesis universal de cultura que nos permite conocer y comprender al mundo, no para tratar de imponerle torpemente nuestras ideas, o para acomodar la conducta de otros a nuestra voluntad, pero sí para que con un conocimiento y sensibilidad universales rechazar que Goliat devore a David.

Aunque a muchos fuera del país les parezca absurda esta afirmación, los cubanos por realismo y sentido práctico debemos guiarnos por los métodos y principios filosóficos de Marx y Engels. Si aspiramos al honor de ponernos siempre al lado de los débiles, no podemos rehuir el mundo de referencia del Prometeo de Tréveris. Ni rechazarlo, ni aceptarlo con dogmatismo. En ambos casos estaríamos negando su mensaje filosófico y científico-social. Incluso algunos que se pusieron en este siglo del lado de los fuertes, estudiaron y conocieron mucho más a Marx, y lo tuvieron más en cuenta de lo que habitualmente se suele creer.

Fue en la ruptura con los sistemas de ideas cerradas, en la apertura hacia el análisis de la historia y en el intento de estudiar los hechos y la evolución de la práctica, donde estuvo uno de los hallazgos más reveladores de la teoría de Marx. Concibió un conjunto de ideas para conocer y transformar la sociedad y orientar el curso de los acontecimientos en favor de los intereses de los pobres y explotados del orbe.

Estamos en una nueva época, es importante recordar la significación actual de lo señalado por Lenin, acerca de que en la historia del marxismo se observan períodos de crisis de las que siempre éste ha salido fortalecido.

Los cubanos tenemos la brújula de las ideas de Fidel y el Che, sobre los factores morales en el proceso socialista. Tomemos por referencia la inmensa cultura de José Martí. Si no se ubica lo espiritual y cultural en el nacimiento y desarrollo de las grandes civilizaciones, no confirmaríamos en la época actual, las esencias del materialismo de Marx, porque la vida espiritual ha demostrado su existencia real y su importancia práctica en los procesos revolucionarios del siglo XX.

No debemos caer en la trampa del humanismo exclusivista,

aristocrático y favorecedor de minorías, defendido por los intereses económicos de clases y grupos de poder del sistema social dominante. Rechacemos el círculo vicioso de un "humanismo" que deja fuera de su alcance a la inmensa mayoría de la humanidad, proclamado por los grupos privilegiados de occidente. Es necesario avanzar hacia el humanismo de los pobres, pues ellos constituyen la inmensa mayoría de la población del globo.

Un propósito de esta naturaleza y una actualización de la interpretación marxista, exige cambiar drásticamente la forma en que se lleva a cabo la pugna ideológica en la actualidad. De ello hablé hace años en un texto titulado: *Cambiar las reglas del juego*. Esto se ha convertido en una necesidad imperiosa para superar la actual crisis del marxismo.

Debemos a su vez, saber pelear no sólo a distancia, sino también cuerpo a cuerpo con el adversario, porque él se nos acercará físicamente cada vez más. En esos combates resultarán primordiales la precisión, la profundidad, la agudeza y el refinamiento de nuestros argumentos e ideas.

Los revolucionarios cubanos aspirábamos a que el equilibrio bipolar se superara en favor de la izquierda y desde la izquierda, y como la bipolaridad no podía ser eterna, porque estaba en contradicción con los procesos de internacionalización de la economía, se quebró en los años 80 desde la derecha.

Los cambios que se produjeron en la URSS a partir de 1985, no rebasaron el marco de una aspiración socialdemócrata a escala europea. Ahí está su inconsecuencia. Soñaron con convertir a la URSS en una Suecia, sin comprender que la naturaleza de la composición social real de los inmensos territorios soviéticos era radicalmente diferente.

Lo original de esta nueva época reside en hallar la genuina universalidad, para culminar la llamada Edad Moderna, y evitar el colapso de la civilización, lo cual fue precisamente denunciado por Fidel en la Cumbre de Río, cuando señaló que el hombre era una especie en peligro de extinción. No habrá tiempo genuino y radicalmente nuevo, sin exaltar y coronar las más nobles ideas y aspiraciones humanistas de la Edad Moderna.

Aún en medio de las posibilidades reales de que se produzca la última gran tragedia humana, los postmodernos exaltan el caos y la disolución de la esperanza, y acaban negando el principio generador de lo nuevo. Para ellos el principio está en una especie de "vale todo".

Podríamos decir que sostienen el paradigma de la negación de todo paradigma; así desaparecen la ética y las posibilidades de estudios científicos aplicados a la sociedad

Estas tendencias al afirmar la ausencia de leyes y principios, rechazan la evolución natural que condujo hasta la vida humana, niegan por tanto todo esfuerzo por alcanzar formas más altas de cultura.

Si el hombre está obligado a actuar sin determinados valores, se acaba diluyendo la idea misma de la ética, la cultura, e incluso del pensamiento científico; olvida que se pueda soñar con la posibilidad de justicia, dignidad y equidad humanas superiores. Se apoyan en las gigantescas dificultades que tiene la aplicación universal del humanismo que exaltó la Edad Moderna.

Hay quienes hacen circular ideas que tienden a disminuir la utopía humanista y emancipadora de Martí, al caracterizar su pensamiento como una totalidad imposible. Sin embargo, la lucha consecuente por estos principios eleva al hombre por encima de sus raíces ancestrales y lo coloca a una distancia cada vez mayor del resto de los animales. No tener esto en cuenta equivale a negar todo esfuerzo educativo y cultural por forjar un hombre mejor. Si en una generación no se puede alcanzar a plenitud el ideal de redención total de la humanidad, hay no obstante que tener la necesaria conciencia humana para plantearse la utopía del hombre como un empeño irrenunciable.

Un criterio cerrado y dogmático niega la existencia de la lucha de clases o disminuye su importancia, porque no capta las nuevas y amplificadas formas que ella ha adoptado en nuestro tiempo, por el contrario un criterio abierto al análisis genuinamente creativo, demuestra que las formas de lucha estudiadas por Marx han cambiado, pero sigue siendo sustancialmente válido lo expuesto por él en relación con la lucha de clases.

Si se analiza la Revolución de Octubre y se estudia en la época actual la teoría leninista del eslabón más débil, se comprenderá que en la contradicción estaba incluida la lucha entre obreros y patronos, pero no sólo esto. La composición de clases de la Rusia de 1917, no fue la estudiada por Marx cuando partió en sus análisis de Francia, Alemania e Inglaterra.

En Rusia hubo una participación campesina y un problema referido al enfrentamiento del imperialismo como fase superior del capitalismo. En este sentido, la Revolución Rusa no debe ubicarse sólo en su carácter europeo, fue también preámbulo de las aspiraciones liberadoras de lo que hoy llamamos Tercer Mundo; era parte del Tercer Mundo de Europa. Todas las grandes revoluciones después de 1917, resultaron una combinación entre las ideas del socialismo y las de liberación nacional de los pueblos oprimidos.

Vincular la lucha de liberación nacional de Asia, África y América Latina a las ideas del socialismo fue el reto de los marxistas de la segunda mitad del siglo XX. Sin embargo, esto no se entendió y la historia condujo al desastre. A su vez vincular los acuciantes problemas del Tercer Mundo, a una perspectiva transformadora es un reto del pensamiento socialista en los últimos años del siglo XX y hacia la próxima centuria.

Se hizo evidente tras la caída del Muro de Berlín, que la contradicción principal no era entre el socialismo y el capitalismo. La contradicción insoslayable de la lucha entre los pobres y los ricos se ventilaba entre el Norte y el Sur, pero aún esta formulación puede ser cuestionada, porque es muy simple. La tomamos sólo como indicador. Existe un Tercer Mundo en el Norte, y algunas regiones desarrolladas en el Sur, pero por ahí anda el eje de los antagonismos de esta época "postmoderna".

Haití, Yugoslavia, Chiapas y Perú, entre otros, y también Cuba, son ejemplos de la contradicción entre identidad, universalidad y civilización. La comprensión de esta constante universal nos ayuda a despejar los modernos enfrentamientos de clase. Cuba, es el país que por la solidez de su revolución, por haberse afirmado en su identidad, en su pertenencia a América Latina y el Caribe y en su vocación universal, puede hacer un aporte teórico y práctico a este enfrentamiento.

Si queremos superar estas contradicciones, vayamos a la esencia de los métodos de estudio e investigación de Marx y al humanismo y la cultura espiritual de José Martí; para de esta forma hallar también el camino posible de una filosofía que aspire a ser cubana y, por tanto, latinoamericana y de vocación universal. Apoyémonos para esto en la riqueza cultural de los pueblos de nuestra América.

América Latina tiene que tomar conciencia definitiva de que ella puede aportar un pensamiento nuevo en la época actual. Abrámosle camino a un pensamiento filosófico fundamentado en Marx y en Martí, así estaremos mostrando las mejores ideas de la época actual y defendiendo nuestra identidad, nuestra universalidad y nuestro derecho a crear las bases materiales de una civilización superior.

Todo depende de nosotros[46]

Cuba y la Revolución como una sola identidad, se hallan en un momento donde se hace necesario alcanzar una síntesis superior de su historia cultural. Nuestra nación es consecuencia de una sola revolución gestada desde finales del siglo XVIII y principios del XIX, cristalizó el 10 de octubre de 1868, se coronó con la obra de Martí, Gómez y Maceo, y con el triunfo de 1959, transmite un mensaje de redención universal hacia el próximo siglo.

Esa es Cuba y nadie puede mixtificarla. Y como ella es pieza importante del tejido forjador de nuestra América, del mundo de raíz ibérica y del equilibrio en el hemisferio occidental, tiene un compromiso universal que Martí desde hace más de un siglo visionó con su genio.

Se trata de cumplir el mandato del Apóstol de echar la suerte con los pobres de la tierra, para lo que se requiere tal como él soñó, convertir a Cuba en universidad del continente y de servir al equilibrio de América y el mundo. Ante la gravísima crisis de valores de nuestro tiempo, la ética se ha convertido en el tema clave de la política moderna a escala internacional. Cuba no está exenta de este reclamo y para enfrentarlo cuenta con una tradición espiritual y con un pueblo dispuesto a exaltar y rescatar los más altos valores éticos de nuestra historia cultural.

El humanismo de los pobres y explotados del mundo está en nuestros corazones y nadie logrará extirparlo, porque hay razones económicas, sociales e históricas que sustentan la necesidad de exaltar este ideal en la república socialista y martiana. Este es el mensaje de José Martí expresado en su fórmula del "amor triunfante", y esto es lo que le da valor universal al "caso cubano". Es nuestra utopía, sin ella no es posible entender la esencia de lo cubano. Nosotros hemos tomado en serio las ideas de libertad, igualdad y fraternidad, violadas sistemáticamente por el sistema social dominante en el mundo, el cual pregona en su propaganda estos principios y los niega de forma enajenante y criminal en la vida real.

Para esto es necesario superar radicalmente los sectarismos estériles incitados por la ignorancia, la maldad o una mezcla diabólica de ambos. Ellos desvían y distorsionan las mejores y más justas aspiraciones a la igualdad y la justicia entre los hombres y conducen al caos, la incertidumbre y la muerte a una nación creada con tanto trabajo, imaginación, talento, dolor, lágrimas y amor.

Si no nos planteamos una ética que defienda a los intereses de todos los habitantes del planeta, hablar de humanismo sería superficial. ¿Cómo la humanidad abordará este reto? Jamás renunciaremos a la realización plena del hombre en "el reino de este mundo", como lo llamó Alejo Carpentier.

En la historia como en los ejercicios de tiro, no siempre se da en la diana, pero la flecha lanzada es un indicador para aproximarnos al objetivo. La dolorosa experiencia nos muestra que el socialismo no debe nunca dejar de tener puesta la vista en la más noble aspiración humanista, ¿no es de esto de lo que se ha hablado tanto cuando se insiste en los derechos humanos y en el respeto al individuo?, pero ¿para cuántos individuos en concreto? Cuando se habla de derechos humanos y del respeto al otro ¿a quiénes nos referimos? A todos nosotros, los cerca de 6 mil millones de hombres que poblamos el planeta.

Este ideal no se puede plasmar como un programa de realizaciones inmediatas, pero debemos situarlo como principio ético. La Revolución cubana consecuente con una tradición histórica de justicia social y solidaridad, se ha propuesto un objetivo irrenunciable, el derecho a defender el futuro de los hombres y mujeres que pueblan esta isla.

Para ir a la especificidad sobre nuestro actuar concreto hay que cumplir en cada momento, lo que en cada momento es necesario, pero nunca perder el propósito estratégico de salvar la patria y las conquistas del socialismo.

Sólo podremos asumir este derecho soberano sobre el fundamento de la mejor herencia moral y espiritual de la Edad Moderna, y fortaleciendo al hacer funcionar la anatomía y fisiología del sistema jurídico, político y social forjado por la Revolución y consagrado por la Constitución de la República.

Nadie se engañe; no soñamos con utopías irracionales. Se ha dicho en los Estados Unidos que Cuba puede convertirse en una "curiosidad política". No deja de tener lógica esta afirmación, sólo que ella refleja la necesidad que tiene Norteamérica de estudiar esa "curiosidad", resistente a los embates del hegemonismo unipolar. Le estamos ganando la batalla histórica al imperio. Ya el futuro depende de nuestra voluntad, unidad, capacidad de actuar y de sobreponernos y orientarnos por nuestra cultura, para enfrentar exitosamente los nuevos desafíos. En el fondo de la cuestión se halla el papel de la cultura ¿será ésta la curiosidad política?

Nuestro pueblo está dispuesto a enfrentar cualquier maniobra politiquera yanqui. El socialismo es sueño, carne y espíritu de los cubanos.

No puede haber socialismo
sin democracia[47]

Un soldado vino a abrir la reja del calabozo donde se encontraban varios compañeros de lucha contra la dictadura de Fulgencio Batista. En aquella oscuridad, entre el miedo a las torturas, el odio al torturador y el amor a la libertad que destilaban los que no eran "libres", el soldado reclamó la presencia de uno de ellos: Armando Hart. El detenido caminó escoltado por los pasillos angostos hasta llegar a una habitación en que lo esperaba un oficial leguleyo con ínfulas de gran jurista. El batistiano se había dispuesto a "discutir" con el joven que había estado estudiando Derecho y haciendo revolución desde la Universidad de La Habana, para convencerlo de la inviabilidad de un proyecto social que "negara la historia de la civilización", que subvirtiera la legalidad y la moral burguesas, que aspirara a articular el ejercicio de la política de una manera diferente a como las "sociedades modernas" lo practicaban, que intentara desmentir el criterio de que "cada cual tiene su lugar: el pobre es pobre y el rico es rico". Después de varias horas, ninguno de los dos había logrado convencer al otro y ambos volvieron a sus sitios: el oficial a su oficina, y Hart al calabozo con sus compañeros, a esperar de un momento a otro una nueva sesión de torturas. En el momento de despedirse el joven revolucionario se sentía más libre que aquel pobre hombre encarcelado en sus propias ideas retrógradas, en su egoísmo, en su imposibilidad de sacrificio por la dignidad y el decoro de su pueblo, por la belleza que ostenta la verdadera justicia.

Así lo cuenta Hart, tantos años después. Porque parece como si nunca tuviera fin aquella discusión que día a día él debe sostener, en otros escenarios y ante disímiles interlocutores. Desde su puesto de ministro de cultura, de dirigente histórico de la Revolución y de intelectual revolucionario, Armando Hart ha estado enfrentándose a debates de diversa naturaleza sobre la realidad cubana y ha ejercido muchas veces como animador de ideas, siempre con la intención de provocar en otros el razonamiento más lúcido y más comprometido. En los últimos tiempos, ha sido una de las voces más sobresalientes dentro del debate nacional sobre un tema muy controvertido de la teoría política contemporánea y de las ciencias sociales en general: la sociedad civil. Porque todo indica que el pensamiento de izquierda y marxista tiene mucho que aportar aún para impedir que, desde los países del centro, se continúe exportando hacia la periferia recetas de entendimiento sobre este asunto secular, que expresa en sí la polémica sobre qué es verdaderamente la democracia, cómo se puede hacer real la participación ciudadana, cuál es el modelo económico y político que corresponde a esos ideales.)

MR: ¿Cree usted que en el análisis marxista de la sociedad se puede prescindir del concepto de sociedad civil?

Marx no prescindió de eso. Marx habló de sociedad civil y después profundizó en el análisis de las relaciones de producción, de la Economía Política. A propósito de la polémica que se ha desatado últimamente recuerdo que consulté el *Diccionario Filosófico* de la Editorial Progreso de Moscú, y decía que Marx, primero en sus obras de juventud, habló de sociedad civil y que luego al considerarlo insuficiente, sustituyó el concepto por el de las relaciones de producción. Es que ese diccionario confunde la esencia con la forma. Las relaciones de producción son la esencia, y la sociedad civil es la forma en que éstas se expresan. Esa confusión está muy presente en las concepciones filosóficas del "socialismo real", donde no supieron nunca trazar una clara diferencia y una justa caracterización entre forma y contenido.

MR: ¿Habrá sido esa la razón por la que en el pensamiento marxista posterior a la Revolución de Octubre casi desapareció el concepto de sociedad civil?

Debe haber sido porque se impuso una concepción estatista del marxismo. Triunfaron algunas teorías sobre el fortalecimiento del poder del Estado, pero siempre en detrimento de la organización de la sociedad en general. El partido acabó perdiendo toda la autoridad y el poder; porque se incrementó con fuerza el poder de la burocracia partidista. La perestroika y Gorbachov fueron las consecuencias dolorosas de estos males. El Partido se hizo desaparecer a sí mismo durante años, por el carácter antidemocrático que adoptó el proceso soviético. No se logró entender que el socialismo o es democrático o no es socialismo y que la sociedad civil es la vía que tiene el Estado para promover la democracia. Y lo democrático no es lo formal. Significa sobre todo participación de las masas, y no de un grupo, de una diversidad de partidos en pugna por el poder y con mínimas diferencias entre sí. Por eso he dicho que el centro, el motor de nuestra sociedad civil cubana son, primero los sindicatos, las organizaciones sociales y de masas y a partir de ahí todas las organizaciones que se inscriban y sean legalmente aceptadas bajo su carácter socialista.

MR: Pero las llamadas ONG no fueron una invención del socialismo, sino del capitalismo…

No le tengo ningún temor, si las ONG cubanas se atienen a los principios de la Constitución de la República. En todo el país las instituciones que se organizan tienen que adscribirse a los principios de la Constitución, no pueden ir en su contra. Y así en Cuba se organizan instituciones de la sociedad civil que sigan los principios de la Constitución de la República. Esto quiere decir que las mismas seguirán el socialismo, porque nuestra ley fundamental proclama explícitamente el objetivo de la construcción del socialismo. No puede haber ninguna institución (y si la hay se le puede anular legalmente), que no responda a este principio socialista.

Si en Cuba la Constitución fue aprobada por un plebiscito popular, por elecciones democráticas, entonces este principio es inviolable.

Lo que pasa es que nuestros enemigos no quieren reconocer que eso existe. Entonces nos formamos una confusión enorme si nosotros no definimos explícitamente el carácter de nuestra sociedad civil. Creo que una de las cosas que más me interesa del documento presentado ante el V Pleno del Comité Central, es que no rehuye la expresión sociedad civil, sino que caracteriza a la sociedad civil cubana socialista. Y eso supone el fortalecimiento continuo del Estado y de las organizaciones sociales y de masas que integran la sociedad civil.

MR: Sin embargo, en las nociones más universales y recientes sobre este asunto no se concibe una sociedad civil fuerte sin un Estado débil...

En las tesis teóricas del marxismo quedó contemplada la extinción del Estado. Pero bueno eso es un sueño hacia un futuro lejano y para que se haga realidad tendrá que existir una sociedad de orientación hacia el comunismo a escala internacional. Eso corresponde a otra etapa. Por ahora el Estado es necesario. En Cuba es imprescindible, en primer lugar para defendernos de nuestros enemigos. En segundo lugar para establecer la legalidad en el país, y velar porque se sancione a quien viole esa legalidad. En tercer lugar, digamos que para asegurar la democracia. El carácter democrático del Estado cubano ha quedado demostrado en muchas ocasiones, se confirmó cuando se discutía qué cambios económicos se promoverían en el país. De la Asamblea Nacional del Poder Popular y de los Parlamentos Obreros emergieron las propuestas de medidas que después el Estado mismo articuló y ejecutó dentro de un cuerpo legal que sólo su autoridad y su poder permitirían establecer con orden y eficiencia. Ahora bien, este Estado sólo, no puede realizar toda la labor social y de masas que le corresponde, para eso existen otras entidades, que en Cuba tienen por cierto una tradición de más de 35 años.

No es posible trabajar en una acción de tipo estatal o gubernamental, si no es a través de un movimiento social. La revolución triunfó porque venía respaldada por un movimiento político-social alrededor de la guerrilla, el Che decía que la guerrilla es un movilizador, porque a medida que avanza va incorporando pueblo. El triunfo se consolidó después, cuando fue derrotada la tiranía por la acción militar y una huelga general. Sin la participación social de las masas hubiera sido imposible alcanzar los éxitos que hemos tenido. Debemos buscar la interrelación del Estado y la sociedad civil. Es necesaria una conciliación entre todos los que puedan intervenir en el impulso de una tarea, de un movimiento de masas. Hoy estamos asistiendo a una crisis de la superestructura política y jurídica en el mundo capitalista. Se puede revisar país por país y se podrá constatar cómo se niegan continuamente las bases del propio capitalismo. La Ley Helms-Burton es un ejemplo reciente. Esa ley no es posmoderna, es premoderna, porque se fundamenta en los códigos de la irracionalidad, no respeta ninguno de los postulados fundamentales de la concepción política moderna; viola el derecho de soberanía, se inmiscuye poniendo límites al comercio, intenta erigir a Estados Unidos como el único país del mundo que puede decidir los destinos del planeta... Viendo esto nos podemos preguntar: ¿qué cosa es eso que se ha llamado "el fin de las ideologías"?, "el fin de la historia", si no la aceptación de la incapacidad que tiene cada vez más el capitalismo como sistema, de hacer ideología, de crear cultura, ¿se ha superado la modernidad? entonces está en crisis el capitalismo, porque la modernidad es el capitalismo.

La caída del muro de Berlín no significó sólo la ruptura del "socialismo real", sino la crisis de todo el sistema político vigente a partir de la Segunda Guerra Mundial [...] Antes existía el sistema bipolar que ha sido superado con la crisis y ahora existe el sistema unipolar, pero es que como ha dicho Fidel, el mundo no se puede gobernar desde un centro... Hay diversidad, hay tendencias diferentes, hay espíritu de subversión, existen problemas regionales muy serios: Yugoslavia, Chechenia, Chiapas... Cuba. Y hay que tener mucha atención sobre estas diferencias.

MR: ¿Cree usted que en Cuba la discusión sobre el tema de la sociedad civil ha nacido de necesidades propias o nos hemos sumado a una moda internacional?

Yo creo que ese debate no surgió por inspiración propia, sino porque el imperialismo utiliza este concepto de "sociedad civil" para presentar su alternativa de sociedad diferente de la que hemos elegido. Y como en el "socialismo real" se había ignorado y despreciado ese término, al imperialismo le dio resultado hacer su campaña a partir de la "necesidad de fortalecer la sociedad civil" para Europa del Este, y entonces quieren agitarla para nosotros también. Pero nosotros no podemos reaccionar negando la existencia del término o negando la existencia de la sociedad civil, porque si fuera así estaríamos negando la existencia de todo el trabajo social y de masas que ha hecho la revolución, estaríamos negando la esencia de la revolución. En el reciente V Pleno del Comité Central nos hemos referido a este asunto y salió definido el carácter de nuestra sociedad civil, porque no íbamos a renunciar a esas palabras. Ya una vez se renunció a mencionar "Martí, el Apóstol". Si usted comienza a renunciar a las palabras terminará olvidando toda la cultura humana acumulada. Uno de los grandes errores del socialismo que desapareció fue renunciar a las palabras. Tenían miedo a las palabras: derechos humanos, democracia, libertad, cuando en realidad esas son palabras nuestras, de los revolucionarios y son además parte de la herencia cultural de la humanidad.

¿Por qué somos socialistas?[48]

No se trata de una obligación doctrinaria. Las ideas filosóficas que tenemos se derivan de un análisis acerca de cómo defender prácticamente los intereses del pueblo trabajador de Cuba. Somos socialistas no porque lo hayamos aprendido en los libros, aunque estos han servido bastante, explicando y orientando el mejor camino de nuestra acción, sino porque es la única forma concreta de defender los intereses de once millones de cubanos, sus sucesores, y una tradición espiritual de dos siglos de historia.

Los que pretenden representar los intereses de una parte de la población o los suyos propios en particular, podrán proyectarse con fórmulas burguesas e incluso con un capitalismo salvaje; pero no podemos hacerlo quienes defendemos a Cuba, su pasado, presente y futuro.

En primer lugar, el que se ha opuesto a que en el país exista un capitalismo independiente ha sido Estados Unidos. Los cubanos que en la primera mitad de nuestra centuria se plantearon la idea de un régimen burgués para el país nunca lo lograron, ya que por ley económica e intereses de dominación, el sistema predominante en Norteamérica les impidió hacerlo.

En segundo lugar cuando nos proponemos defender los intereses de todo el pueblo cubano y resistir las embestidas del capital imperialista, sólo podemos realizarlo a partir de la unidad popular, y esto nada más que es posible sobre fundamentos de una cosmovisión socialista. Si repartiéramos el país en propiedad privada y entregáramos sus riquezas al dominio de intereses particulares, la nación se fragmentaría, se crearía el caos y nos pondríamos a disposición de los intereses enemigos. Destruyendo el socialismo se llega al caos. De ello da muestra lo que ha sucedido en la antigua URSS y Europa del Este. Sólo con la cohesión que brinda la propiedad socialista y la planificación de la economía pueden lograrse las fuerzas necesarias para enfrentar todos unidos a nuestros adversarios.

En tercer lugar dada la composición social de nuestro país, de base trabajadora, la única manera de garantizar prácticamente esa unidad es mantener la brújula del ideal socialista.

Asumimos el materialismo histórico en tanto guía para el estudio y para la acción en función de orientar nuestros empeños en favor de la república "Con todos y para el bien de todos," que es parte inseparable de nuestra América. Defendemos el socialismo por razones de carácter práctico y sobre el fundamento de nuestra tradición revolucionaria.

La igualdad social, la dignidad plena de todos los cubanos sin excepción y por consiguiente el socialismo, constituyen una necesidad objetiva en la existencia y desarrollo de la nación cubana y, en especial para salvar al país de la injerencia yanqui y mantener en alto el ideal nacional que tiene ya dos siglos de historia.

Este es el sentido que tienen las expresiones "Patria o Muerte" y "Socialismo o Muerte", "Venceremos".

7 de noviembre y los nuevos caminos del socialismo[49]

Lenta y trabajosamente empieza el mundo a reaccionar frente al golpe terrible sufrido por el pensamiento revolucionario en los finales de los años ochenta y principios de los noventa. Los cubanos conmemoramos el 80 aniversario de la Revolución de Octubre tras el V congreso del Partido con las banderas irrenunciables de Marx, Engels, Lenin y Martí y con el "destacamento de refuerzo" llegado de Bolivia con el Che al frente, colocado en el centro de la isla, en la heroica Santa Clara, para decirle al mundo: la Revolución cubana jamás renunciará a los ideales de Octubre.

¿Cómo y por qué esto ha sido posible? Esta es la pregunta que deben hacerse quienes con frío racionalismo decretaron hace más de un lustro la muerte de los paradigmas éticos, sin tomar en cuenta la realidad, pues ella no está sólo en la superficie, sino también en las entrañas de la vida social. Marcado por necesidades materiales y espirituales el hombre apasionadamente se empeña en satisfacerlas de forma cabal.

Concluye el siglo XX exaltando un símbolo del pensamiento más radical y consecuente del leninismo: el Che. La centuria comenzó con Lenin y concluye con el mito de Guevara.

Han transcurrido 45 años de historia revolucionaria en "el crucero del mundo", forjada a partir de las raíces más genuinas de los pueblos de occidente. La historia de Cuba no puede derribarse como se destruye un muro o se disuelve un Estado; porque cualquier agresión contra nuestro país no quedará impune para la civilización capitalista.

Para entender cómo y por qué en las más adversas condiciones hemos podido mantener los principios leninistas, es necesario considerar que los cubanos nos adscribimos a sus ideas redentoras a partir de la tradición antiimperialista y radicalmente democrática de Cuba y América Latina contenida en el pensamiento de redención universal de José Martí.

El mundo cambiará, la instauración del imperio por Napoleón Bonaparte y la vuelta posterior de la monarquía al poder en Francia, no fueron obstáculos para que las ideas revolucionarias gestadas en Europa a partir de 1789 retomaran posteriormente fuerza creciente. De igual forma las concepciones revolucionarias del socialismo irán renaciendo, pues responden a necesidades universales y expresan la más alta cultura política, social y filosófica de los siglos XIX y XX en occidente.

Ochenta años cargados de hechos heroicos, hermosas hazañas, pero también de equivocaciones que la historia no pasa por alto, son lecciones imperecederas. El análisis de las debilidades y deficiencias cometidas nos ayudará a que el ideal de Lenin, tome una fuerza renovada y crezca sin las grandes distorsiones que objetivamente tuvieron lugar.

Cuba hizo hasta hoy la primera y única revolución socialista de inspiración marxista de occidente, y está por ello en el deber de mostrar con valor, amor e inteligencia las más importantes experiencias reveladas por la historia iniciada el 7 de noviembre de 1917.

Los enemigos del socialismo suelen achacar a las ideas de Octubre, los graves males surgidos en el proceso ulterior a la muerte de Lenin. Esto sería igual que atribuirle a las nobles ideas de Jesús de Nazaret, las desviaciones producidas más tarde y las cuales alcanzaron puntos extremos en la Inquisición.

La maldad nace en la conciencia y la subconciencia humana. Los hombres son quienes la generan y mantienen a partir de sus apetitos e instintos egoístas. Es importante asumir esta lección de la historia para no continuar creyendo que las concepciones sociales, políticas y filosóficas por sí solas, vayan a establecer la moral y la justicia. Sólo la formación de un hombre nuevo —como postuló el Che— será capaz de hacer prevalecer la moral en las relaciones sociales. Los sistemas políticos, económicos y sociales cuando se corresponden con las mejores ideas de justicia ayudan a desarrollar la moral, pero ella no surge espontáneamente, son indispensables la educación y la política culta. Sin el ascenso moral del hombre es imposible alcanzar la victoria definitiva del socialismo. Quienes lean desde posiciones revolucionarias los últimos escritos y trabajos de Lenin, apreciarán como relacionaba el peligro principal con factores subjetivos, y en especial en las condiciones personales de los hombres situados al frente del estado y el partido.

Esas páginas muestran el drama de un hombre forjador y guía de una obra colosal, que la veía amenazada por las debilidades humanas. No basta buscar y rebuscar los orígenes concretos de la tragedia pasada, sino sobre todo extraer la lección de que el socialismo no puede edificarse sobre el fundamento del crimen y la arbitrariedad. Una revolución sólo se puede garantizar sobre sólidos principios éticos y democráticos. En homenaje a los que asaltaron el Palacio de Invierno y el Soviet de Petrogrado que estableció la democracia de los trabajadores, hagamos una reflexión un tanto filosófica, pero bien concreta e inmediata.

Engels decía que el gran aporte de Marx no fue una doctrina, sino un método de investigación y estudio. Lenin llevó este mismo concepto al plano de la práctica y dijo que el pensamiento del autor de *El capital,* era una guía para la acción. Martí en la primera línea que escribió sobre Marx señaló: "Como se puso del lado de los débiles, merece honor". Ya aquí se nos presenta la necesidad de relacionar el pensamiento filosófico y social de la Europa decimonónica, con la cultura ética y espiritual de nuestra América. Esto fue lo que hizo la Revolución cubana.

La ética está implícita en la conducta y la vida de Marx, Engels y Lenin. Dedicaron sus existencias al propósito de la liberación humana y al repasar la historia de estos últimos años con la orientación y el análisis de Fidel y el Che, se comprenderá que el socialismo debe comenzar planteándose la cuestión moral y la más amplia democracia. La dignidad y la igualdad para todos los hombres sin excepción son su principal y fundamental bandera. Sólo a partir de la ética lograremos defender los intereses de la humanidad.

Con independencia de errores, debilidades, fracasos y reveses, y más allá de la diversidad de interpretaciones sobre lo que significa el socialismo, resulta incuestionable que expresa lo más elevado de la cultura política y social de las dos últimas centurias. La lección extraída del 7 de noviembre de 1917 está en que entonces se conjugó lo más alto de la intelectualidad política de Europa, con el espíritu revolucionario de las masas oprimidas, obreros y campesinos de Rusia. Ello es necesario estudiarlo con el apoyo de todas las ramas del conocimiento contemporáneo, sólo así podremos encontrar en vísperas del siglo XXI, los nuevos caminos del socialismo.

Dialéctica de la relación entre el ideal socialista y la tradición martiana[50]

Si en los años 20 de la pasada centuria, el ideal socialista ayudó a rescatar la tradición martiana, en los tiempos actuales nos proponemos, sobre los fundamentos de la cultura de José Martí, fortalecer en el orden nacional, y contribuir a recuperar en el internacional, el pensamiento de Marx, Engels y Lenin. Para este propósito les invito emprender a la luz del pensamiento cubano un análisis del papel de lo que hemos llamado factores morales y culturales en el nacimiento y desarrollo de nuestra nación.

Profundizar en el ideario filosófico cubano se ha impuesto como una necesidad de nuestra práctica política. Esto tiene raíces psicológicas y culturales, de forma tal que no será posible entender el socialismo, si no es a partir de la propia tradición de nuestro país. Una prueba del peso histórico de los factores subjetivos está en el nacimiento y desarrollo de la nación cubana. Quienes repasen su historia confirmarán que aquí se interrelacionaron las fuerzas económicas y sociales con las culturales de una manera muy profunda y enriquecedora; sin esta relación Cuba no habría sido un país iberoamericano, habríamos sido absorbidos por la prepotencia expansionista del Norte. Veamos:

Esta nación se forjó durante la primera mitad del siglo XIX, con la oposición de los mayores poderes de la época: España, Estados Unidos e Inglaterra; irrumpió el 10 de octubre de 1868 al librar una batalla de 30 años contra el poder colonial hispánico en América, y cuando la metrópoli concentró todas sus energías para evitar su independencia, fue escenario de la primera guerra imperialista moderna en 1898, y por consiguiente del ascenso de Estados Unidos a potencia mundial. Pero aún cuando esto desvió y retrasó su desarrollo libre, no pudo aplastar como mostró el proceso iniciado en el Moncada, la tradición patriótica que venía del siglo XIX.

En octubre de 1962 estuvo en el vórtice del suceso potencialmente más dramático y decisivo de la guerra fría: la "crisis de los cohetes", y aunque se ha mantenido contra ella el acoso imperial más violento (durante casi cuatro décadas), ha resistido y mantiene en alto las banderas de su soberanía e independencia.

Una nación con esta capacidad de combate y resistencia para enfrentar tan graves obstáculos durante cerca de 150 años, saldrá victoriosa en los enfrentamientos sociales, económicos y políticos generados por la novísima forma de internacionalización del capital llamada globalización. Estos son los problemas esenciales que se plantean a la Cuba de hoy y de mañana pero, desde luego —sépase con claridad— conciernen no sólo a nuestro país, sino que involucran al capitalismo contemporáneo.

Si Cuba fuera afectada por el intruso del Norte, por ahí comenzaría en el siglo XXI, el desplome de toda una herencia espiritual que los pueblos iberoamericanos dejaron en lo que la Europa culta llamó Nuevo Mundo. Para responder a este desafío es imprescindible estudiar con rigor y asumir a plenitud la historia cultural cubana. La inmensa sabiduría filosófica, política y social que nos viene de Varela, Luz y Martí, fue promovida en los inicios de este siglo por Enrique José Varona. Ello nutrió nuestra centuria en las ideas políticas, sociales y pedagógicas. Promotores, maestros y revolucionarios que nos representamos en Mella, Martínez Villena, Guiteras y Fidel se nutrieron de esa sabiduría.

Transcurridos 80 años y para un análisis ulterior de esta evolución de ideas y dado el derrumbe del llamado "socialismo real", es obligada una reflexión acerca de la crisis de ideas del sistema dominante en el mundo. Cuba está en el deber, a partir de esta tradición de dos siglos, de realizar el análisis filosófico y cultural acerca del papel de la subjetividad y de cómo se articuló en nuestro país, la sabiduría contenida en el ideal nacional con los principios filosóficos de Marx, Engels y Lenin. Sólo así estaremos a la altura de los desafíos que tenemos ante el siglo XXI. Es necesario llevarlo a cabo con independencia de los procesos intelectuales que hayan tenido lugar en otras zonas del mundo.

Varela fue el primero que nos enseñó a pensar; Luz y Caballero a conocer y Martí, en base a esa tradición, a su genio y generosidad, nos enseñó a actuar. Pensar, conocer y actuar están en la raíz de la cultura del siglo XIX cubano. Su valor se encuentra en que es parte inseparable de la cultura latinoamericana y caribeña, que nos representamos en Simón Bolívar, José Martí y los próceres y pensadores de la América de los trabajadores, tal como la caracterizó el Apóstol cubano. Sobre estos fundamentos las ideas políticas y el pensamiento social cubano se articularon en el siglo XX, con la cultura europea de Marx y Engels.

Se deberá investigar, estudiar y promover los vínculos que unen a todos estos componentes espirituales, piezas maestras de la tradición intelectual de la historia de occidente, a partir de una síntesis universal de ciencia y cultura.

Está a la vista de todos, la fractura de las bases éticas, políticas y jurídicas de las sociedades más desarrolladas de occidente y, en especial la norteamericana actual, la cual constituye el poder hegemónico del capitalismo mundial. El fortalecimiento ideológico que se requiere en nuestro país ha de tener como fundamento esa historia nacional, latinoamericana y universal, la cual se ha impuesto como una necesidad inmediata de la práctica política, de la educación y del desarrollo del pensamiento científico y cultural en general.

Para ello es necesaria la reflexión histórica; en Cuba había que luchar por la independencia del país y la abolición de la esclavitud para formar la nación, de otra manera no se lograba. Estas exigencias económico-sociales brindaron una dimensión y alcance universales a las ideas redentoras cubanas. Hombres como el obispo Espada, José Agustín Caballero, Félix Varela y José de la Luz y Caballero le abrieron un camino revolucionario al pensamiento científico cubano, y en especial a la pedagogía, desde la ética cristiana; este es un hecho excepcional. Su pensamiento pedagógico y ético se enraizó en los jóvenes estudiosos de la patria y contribuyó de manera decisiva al diseño de la nación cubana, la cual alcanzó desde su propio alumbramiento, una cultura política y social situada en la avanzada de la Edad Moderna. La cuestión es que en Cuba se asumió la cultura occidental en función de los intereses de la población trabajadora y explotada no sólo del país, sino del mundo. Recuérdese que Martí no sólo echó su suerte con los pobres de Cuba, sino de todo el orbe.

Situar como un aspecto central de su concepción filosófica la práctica de enseñar y mejorar al hombre, la cual está a tono con la más rigurosa concepción científica; esos maestros concebían la formación del hombre como práctica sensible para la transformación social y moral del mundo.

Nada del "reino de este mundo" estaba fuera de la naturaleza, la que no colocaban en contradicción con su idea de Dios. Se orientaban por la experiencia y los resultados del más riguroso examen del pensamiento científico y filosófico. Para ello se inspiraban en los métodos electivos de nuestra tradición espiritual. Elegir de todas las culturas para enriquecer el tronco de la propia nos conduce a un criterio de emancipación. Para que el hombre libere su propia conciencia debe respetar e incluso luchar por la liberación de los demás. No es posible arribar a la plena libertad de conciencia, si no se exalta la ajena. Por otro lado, sin la liberación del pensar no habrá selección rigurosa, sino en todo caso copia mecánica e imposición dogmática.

El pensamiento cubano es electivo en función de la práctica de hacer justicia. Cultura que no elige la forma de articularse con otra y deja este proceso a la espontaneidad, será sometida al vasallaje intelectual. Al situar la educación como epicentro del ideario cubano no lo realizaban con especulaciones metafísicas o supuesta influencia ajena a la naturaleza, sino como categoría de lo que se ha dado en llamar superestructura. Ahí está la riqueza de su pedagogía, piedra angular de la cultura cubana. En la primera mitad del siglo XIX, esto llevó las ideas filosóficas del país a una escala superior a la entonces prevaleciente en los sistemas dominantes de Estados Unidos y Europa. En Martí esto se elevó a más alta escala cuando presentó la idea del estudio-trabajo y expuso sus concepciones en torno a lo que llamó la ciencia del espíritu, los hechos espirituales y sus ideas acerca del equilibrio entre las naciones, el Apóstol hace con ello un aporte de trascendencia universal.

Al colocar la creencia en Dios, como una facultad de cada hombre en particular, se estaban abriendo caminos insospechados para el pensamiento cubano. Las ideas de Luz generaron en los finales de su vida, contradicciones con la jerarquía eclesiástica española en Cuba, que se distanció del pensamiento vareliano y se puso radicalmente del lado de la metrópoli. Sin embargo, el pensar cubano no se colocó en antagonismo con las creencias religiosas —que como postularon los maestros— pertenecían al ámbito de la conciencia individual. Estas lecciones lucistas valían para creyentes y no creyentes. Ello le brindó al pensamiento cubano un rechazo a toda visión dogmática.

Asumió en el terreno de la historia real, de la vida concreta, los principios éticos, morales y espirituales que nos venían de la mejor tradición del hombre que murió en la cruz. Sembraron las semillas de la unión estrecha lograda en La Demajagua y en Guáimaro, entre el pensamiento más avanzado del mundo de su época y el combate para poner fin a la tragedia de la esclavitud y la dominación colonial. Esta comunión estaba y está en la existencia misma de la nación cubana. El papel de la educación y de la cultura en la vida social y en la historia es un aspecto clave en la transformación radical que se proponían.

Al estudiar con visión actual y partiendo de la formación científica y filosófica recibida del materialismo histórico encontramos aspectos en Luz y Caballero, que mueven a la más consecuente reflexión filosófica. A partir de estos análisis podemos invitar a pensar en lo siguiente: la cultura filosófica europea que Marx y Engels enfrentaron, fue también rechazada por la cubana de Varela y Luz.

La milenaria evolución intelectual de occidente condujo al materialismo de Marx y Engels, y a su vez a las ideas que nos representamos en Varela, Luz y Martí. Si en el otro lado del Atlántico se impusieron las cumbres del pensamiento filosófico iluminando los campos de la Economía Política y las Ciencias Sociales e Históricas, sentando las bases para su comprensión e interpretación científica, en nuestro país se orientó hacia el papel de la educación, la ética y los fenómenos de la subjetividad en la vida social. Se hizo sobre fundamentos de sólidas bases científicas, y partir de de los mismos contribuyó a forjar el sello matriz de la nación.

José de la Luz y Caballero, desde su arraigada creencia cristiana, señalaba que la relación entre la moral y el cuerpo humano era mucho más estrecha de lo que habitualmente se creía. Él critica a los que sugieren que existan dos tipos de investigaciones contradictorias: "la interna y la externa no siendo ella en realidad más que la misma función, ora aplicada al conocimiento de los objetos exteriores, ora al de los fenómenos internos; por lo cual sólo la razón de su objeto, pero no de su principio, podrá clasificarse la observación como interna y externa; modo de clasificar que no es de lo más claro ni científico y por lo mismo tanto más tachable en este género de investigaciones que más que ningunas otras deben hermanar el precepto con el ejemplo en materia de precisión."

En su libro *Las ideas y la filosofía en Cuba* —texto imprescindible para quienes se interesen en la historia del pensamiento cubano—, Medardo Vitier destaca como una de las claves de la concepción filosófica de Luz la siguiente: "El criterio sobre la verdad no radica objetivamente en el mundo exterior, no radica subjetivamente en nosotros; surge, se organiza como una congruencia entre lo objetivo y lo subjetivo".[51]

Será importante relacionar esta valiosa conclusión con lo expresado en la primera y en la tercera tesis de Marx y Engels sobre

Feuerbach. Estudiemos con detenimiento esos párrafos, comparémoslos con lo expuesto por Luz y se podrán encontrar aproximaciones. La necesidad y los impulsos que promueven la transformación hacia formas superiores de vida también son parte de la naturaleza. Está comprobado por la historia natural y por la propia existencia del hombre.

Por su importancia quiero reiterar lo que ya he señalado en otros trabajos; las fuentes de la elevada cultura decimonónica europea presentes en Varela, no son las únicas importantes en la formación de la nacionalidad cubana. Especialmente en el oriente del país tuvieron marcada influencia las ideas revolucionarias introducidas a través de las logias masónicas, lo cual influyó en los forjadores de la Guerra Grande: Céspedes, Agramonte y, en particular, en Antonio Maceo.

Es mejor conocida y comprendida la historia de las ideas de los forjadores de la nación provenientes de la alta educación recibida por los patriotas ilustrados de la clase acomodada que tomaron la decisión de unirse a la justa aspiración de los humildes, fusionar sus intereses con los del pueblo trabajador y desencadenar la lucha por la independencia y la abolición de la esclavitud. Sin embargo, la influencia cultural de la población explotada, la de la familia Maceo-Grajales y en especial en Antonio Maceo, y su articulación creativa con el saber más elevado del occidente no ha sido suficientemente reconocida a pesar de que constituye una contribución original de la historia de Cuba al movimiento intelectual y espiritual de nuestra América. Para comprenderla hay que tener un concepto cabal, científico y profundamente filosófico de lo que significa la expresión *cultura*.

Nunca se llegó a entender en la cultura occidental con el rigor necesario, ni mucho menos extraerle sus consecuencias filosóficas y prácticas al valor que objetivamente posee el espíritu asociativo y solidario que tiene fundamentos objetivos en la evolución que forjó y desarrolló al hombre y que marcó su singularidad en el reino animal. Nunca ha sido suficientemente esclarecido y objetivamente tomado en cuenta que la vida espiritual y moral tiene enormes posibilidades de crecer promoviendo a un plano más alto el papel de la educación y la cultura. Los instintos más elementales presentes en sectores, grupos, clases e individuos le han opuesto siempre obstáculos a la cabal comprensión de este propósito. Esta función de la cultura sólo se puede alcanzar a plenitud cuando se articula con la ciencia, lo que únicamente es posible con un concepto integral, caracterizándola como lo creado por el hombre a partir de la transformación de la naturaleza y sobre la base de una visión de fondo de sus raíces históricas con el apoyo de la filosofía, la sociología, la antropología y la psicología, entre otras.

Hay tres grandes sabios de la ciencia europea que hicieron los más importantes descubrimientos de repercusiones filosóficas y que la cultura de Europa no pudo extraer de ellos las conclusiones correspondientes. Me refiero a Darwin, Marx y Freud. Sin embargo José Carlos Mariátegui entendió el alcance filosófico y espiritual de estos tres genios y formuló una síntesis extraída de sus fuentes. Decía el Amauta que se rechazaban estos tres pilares del pensamiento occidental por razones psicológicas, dado que el hombre se negaba a reconocer la naturaleza de sus orígenes y evolución. Este descubrimiento hería la conciencia y la subconciencia de muchos. Cuando lo grande del hombre —decía él— estaba, precisamente, en haberse elevado desde esos orígenes a la más alta condición dentro de la historia natural y social.

El reto consiste, precisamente, en la necesidad de continuar el ascenso. En América todo esto se asume desde una visión en la cual se sintetizan arte, ciencia, ética y política, recogida en aquella frase memorable del Apóstol: "Verso o nos condenan juntos o nos salvamos los dos". Lo expresa bellamente en su poema *Yugo y estrella*, con tal fuerza de universalidad que deja el alma en suspenso, y asumimos lo que objetivamente somos: "piezas de una larga evolución de la historia natural y social". Se llega en medio de nuestra insignificancia individual a sentir como deber sagrado el de continuar luchando por un paso de avance en la historia social del hombre. Lo experimentamos también en el *Canto Cósmico* de Ernesto Cardenal. La esencia de este pensar y sentir martiano se concreta y se ensambla con su prodigiosa percepción del arte. Aquí ética, filosofía, arte, política y ciencia se funden como una joya de nuestra historia cultural, y muestran la identidad latinoamericana en la cual se sintetiza y renueva el pensamiento europeo.

La esencia de la cultura latinoamericana está en que situó la realidad y la práctica como elemento del conocimiento de la verdad y de la transformación del mundo y, a la vez, el sentido utópico del Nuevo Mundo que constituye un incentivo para forjar la realidad del futuro. Esta síntesis entre la búsqueda de la realidad y la práctica y la aspiración de un mañana mejor puede apreciarse si estudiamos cuatro procesos del movimiento de ideas y sentimientos de América Latina en el último medio siglo:

1. La renovación del pensamiento socialista que generó la Revolución cubana y que nos representamos en Fidel Castro y Ernesto Guevara.

2. La explosión artística y literaria y el pensamiento estético que se relaciona y tiene su fuente en Alejo Carpentier y lo Real Maravilloso.

3. El pensamiento social y filosófico y la dimensión ética que observamos en la Teología de la Liberación cuando la analizamos en función del reino de este mundo.

4. El Movimiento de Educación Popular.

Para arribar a conclusiones acerca del núcleo duro de la filosofía y la historia cubanas, tomemos como puntos de referencia, entre otros, los siguientes aspectos:

1. Los métodos electivos en la búsqueda del conocimiento y los caminos de la acción.

2. Los principios lucistas: "todas las escuelas y ninguna escuela, he ahí la escuela", que "la justicia es el sol del mundo moral" y que "la ciencia es una y se divide a los efectos del conocimiento".

3. Las ideas martianas sobre el equilibrio tanto en lo individual

como en lo social, y de echar la suerte con los pobres de la tierra.

4. La importancia de la educación y la cultura en la transformación social a favor de la justicia entre los hombres y sobre el fundamento de la "utilidad de la virtud", y de "ser culto es el único modo de ser libre".

5. Nutrirse de la cultura latinoamericana y caribeña a la cual pertenecemos.

Estos elementos brindan facilidades de incalculable valor para el quehacer pedagógico y político, y para hallar los fundamentos filosóficos de la nación cubana.

Nada de esto entra en antagonismo con las esencias del pensamiento filosófico de Marx y Engels que los cubanos hemos asumido. Desde luego es necesario actualizarlo con los progresos de las ciencias naturales y sociales, y las enseñanzas de los acontecimientos históricos del siglo XX. Cuba lo puede hacer porque desde los tiempos de Varela hasta nuestros días, tiene una historia no sólo de hechos trascendentes, sino también de ideas que como flechas cargadas de verdades e iniciativas de interés universal brotan de los magnos sucesos o en relación con ellos, para enriquecer nuestro quehacer intelectual y ayudar en la búsqueda de los nuevos caminos revolucionarios.

El sentido heroico y de entrega alcanza plenitud en el Che Guevara, cuando en la selva boliviana proclamó: "este tipo de lucha nos da la oportunidad de convertirnos en revolucionarios, el escalón más alto de la especie humana, pero también nos permite graduarnos de hombres".

Al estudiar el significado político e histórico del pensamiento del Ché Guevara, encontramos las causas de fondo de los graves errores cometidos en las últimas décadas, e incluso estudios ulteriores al respecto nos pueden mostrar las raíces históricas de estos dramáticos procesos. Por ello es importante esclarecer las razones de que la imagen del Che recorriera el mundo.

Desde su caída en la Quebrada del Yuro, se convirtió en un mito de la justicia universal entre los hombres y de la solidaridad entre los pueblos, que lejos de extinguirse con los años, crece y crecerá más aún hacia el futuro. Haber gozado de su amistad entrañable es un honor al cual no se renuncia sin caer en la ignominia.

Para ser leal a sus enseñanzas debemos plantearnos como exigencia científica y cultural descubrir las raíces sociales y económicas del paradigma que representa. Así podremos encontrar con la mirada puesta en el siglo XXI, los nuevos caminos del socialismo. Es necesario estudiar los fundamentos filosóficos de su cosmovisión universal del ideal socialista.

El Comandante Guevara es una señal de las mejores tradiciones éticas del siglo XX, y se proyecta con esa luz en este nuevo milenio. Fue el primero que habló de la necesidad de forjar al hombre del siglo XXI. Sin embargo, hemos arribado al mismo, con la más profunda crisis ética de la historia occidental. Hombres de alto valor me han afirmado que desde los tiempos de la caída del imperio romano no se observa una situación similar.

Mucho se habló durante décadas, de forma retórica y superficial del humanismo; comprobamos que la civilización podría sucumbir en sus propias redes si no retoma y asume la herencia espiritual dejada por quienes a lo largo de los siglos poseyeron sensibilidad, imaginación y talento para soñar. Si no se exalta e impone el espíritu que alentó a los grandes creadores desde Prometeo hasta el Che estaríamos perdidos.

El reto de estos años finiseculares está en demostrar con una síntesis de cultura universal, el valor científico de la moral y de los móviles ideales en el curso real de la historia humana. Y es precisamente el sentido más profundo de esa síntesis donde se halla la esencia de la vida y el ejemplo del Che. Sus ideas éticas fueron refutadas de idealismo filosófico y de subjetivismo, por quienes situados en la superficie de la realidad no acertaron a penetrar en sus profundidades. No pudieron comprender, ni mucho menos extraerle consecuencias a la afirmación martiana de que en política lo real es lo que no se ve. No fueron capaces de sentir con una cosmovisión universal, lo que comprendió nuestro Apóstol, cuando echó su suerte con los pobres de la tierra.

Lo ocurrido en 1985 hacia acá no fue la causa, sino la consecuencia de un largo proceso de descomposición. Su naturaleza se puede explicar a partir de los males y problemas fuertemente criticados desde Cuba en los años 60, por el legendario Che o por el propio Fidel. No se trata de escribir o narrar lo ocurrido, ello es oficio de historiadores, trato de reflexionar sobre las enseñanzas del derrumbe a partir de las esencias presentes y vivas en el Che, que son las de Fidel y la Revolución cubana, la cual significó el sello de lo más depurado intelectualmente de Europa: el pensamiento materialista dialéctico y el más profundo sentido del humanismo en nuestra América.

Esta síntesis el Che la representa, y nos puede conducir si se aborda con rigor a conclusiones en los más diversos campos de la cultura y de la acción revolucionaria.

En conclusión, el tema de la cultura y en especial del papel de los factores subjetivos adquiere una significación práctica porque se proyecta en las necesidades de principios éticos, jurídicos y en las formas de hacer política. El estudio de la subjetividad sobre fundamentos científicos que como queda dicho tienen que ver con la psicología individual y social, con la antropología y con la sociología, abre caminos para entender y esclarecer los temas del derecho, de la pedagogía y de la política culta.

El Apóstol nos da la señal cuando dice: "La política es el arte de inventar un recurso a cada nuevo recurso de los contrarios, de convertir los reveses en fortuna; de adecuarse al momento presente, sin que la adecuación cueste el sacrificio, o la merma del ideal que se persigue; de cejar para tomar empuje; de caer sobre el enemigo, antes de que tenga sus ejércitos en fila, y su batalla preparada".

América Latina, el Caribe y los desafíos del socialismo[52]

La actual situación del mundo es de extrema gravedad y peligro, al detentar el Sr. Bush y su camarilla terrorista el poder en Norteamérica. Han violentando todas las normas morales y jurídicas de la civilización occidental. Vienen desencadenando los peores instintos presentes en la subconciencia humana, pues se proyectan como asesinos de la peor especie al globalizar el terror y la muerte por todo el planeta. Esta evolución de los acontecimientos me ha hecho reflexionar acerca del enorme peso negativo que tienen en la historia las peores tendencias humanas. Ahí está precisamente el gran crimen que viene cometiendo la pandilla gobernante de los Estados Unidos; están incitando desde los círculos más reaccionarios y cavernícolas a la desaparición de la especie.

Para estas novísimas situaciones debemos encontrar y describir los Nuevos Agentes Sociales del Cambio. Ello se hace imprescindible porque los elaborados por Marx y Engels, fueron concebidos para la situación europea del siglo XIX, y actualmente el problema de la lucha de clases ha adquirido un nuevo contenido: la pugna entre distintas identidades que se expresa con agudeza en todos los rincones de la tierra. El ciclón postmoderno presenta en un extremo al imperialismo norteamericano (voraz, insaciable y lleno de contradicciones internas), y en el otro a los países de América Latina y el Caribe, Asia y África. Consideren bien las oligarquías el hecho de que en los países desarrollados hay también un Tercer Mundo, el cual sufre asimismo el drama de la explotación y la miseria.

No existen posibilidades de transformación radical, revolucionaria y genuinamente moderna — dicho este calificativo en sentido de contemporaneidad— ni posibilidad de lograr el equilibrio del mundo, si no somos capaces de descubrir los hilos que articulan la identidad nacional de cada uno de nuestros países, su proyección universal y su derecho a una civilización superior. Ello desde luego entraña complejos desafíos.

Tales contradicciones y antagonismos tienen raíces económicas y se expresan en el caos moral e intelectual con que los doctrinarios del sistema social dominante enfocan la realidad de nuestros días. Los orienta el pragmatismo que fracciona elementos sustantivos de la realidad y un utilitarismo que habla de derechos humanos, y se olvidan de los intereses sagrados de la humanidad. Pocas veces en la historia se ha hablado con mayor hipocresía y escarnio; han llevado el egoísmo al extremo más atroz y desprovisto de todo vestigio de cultura.

En la práctica socialista del siglo XX, estuvieron presentes dos enemigos del desarrollo humano, por un lado el dogmatismo, cuyo error estaba y está en homologar ideología con política, y por otro el oportunismo, cuyo error consiste en divorciar estas dos categorías; digo ideología en el sentido de producción de ideas. Cuando es precisamente esta articulación la que facilita los vínculos eficaces entre teoría y práctica.

José Martí no ignoraba la existencia y fuerza de la maldad humana, pero tenía confianza en la potencialidad de la virtud, que viene por la vía de fomentar la asociación y la solidaridad entre los seres humanos. Él conocía al hombre, el mundo y su tragedia; pero sabía que sólo la cultura, la educación y una política culta, podrían desarrollar una humanidad más feliz, un mundo nuevo.

Tenemos que encontrar las relaciones entre inteligencia y felicidad por un lado, y maldad y estupidez por otro; empecemos por ahí y comprenderemos las razones que explican la tendencia de la decadencia del imperio norteamericano, no hay dudas que en su actuar cotidiano se produce una mezcla de lo malvado y lo estúpido.

Examínese también la historia de Cuba, e incluso de América Latina en sus relaciones con la metrópoli española durante el siglo XIX, y se observará que no fue sólo por maldad que perdieron las guerras en América, sino también por una cadena infinita de torpezas.

Determinemos en el plano histórico social las relaciones entre la bondad y la inteligencia, y las que existen entre la maldad y la estupidez, y comprobaremos que los imperios en su proceso de decadencia aceleran su destrucción incrementando sus canalladas. Tómese como ejemplo fehaciente desde los tiempos más antiguos hasta los actuales, a los gobernantes yanquis, y a sus seguidores de otros países, en virtud precisamente de esa combinación dramática de necedades.

No es fácil encontrar en la historia de los países occidentales, estadistas de la estatura de Fidel Castro y de su maestro José Martí. Sus métodos políticos se inspiran en principios éticos de valer universal, poseen argumentación lógica que resulta vital estudiar con mayor profundidad en nuestro país y proyectarlos a escala internacional. Para hacerlo es indispensable profundizar en los mejores métodos de hacer política. La singularidad de sus ideas está en haber superado la vieja consigna reaccionaria de "divide y vencerás" y establecido el principio de "unir para vencer".

La filosofía europea alcanzó su más alta escala cuando Carlos Marx y Federico Engels, afirmaron que la filosofía hasta ellos se había encargado de describir el mundo, pero de lo que se trataba era de transformarlo. Precisamente por ahí comenzó el pensar filosófico de América, desde fines del XVIII y principios del XIX, es decir por la aspiración de transformar el mundo. Iniciamos nuestra tradición intelectual con el propósito de abolir la esclavitud y el sistema de explotación colonial. En los tiempos de Francisco de Miranda, Simón Rodríguez, Simón Bolívar, el sacerdote Miguel Hidalgo, José de San Martín y otros más, en nuestra América el pensamiento marchó germinalmente en dirección a la transformación de la sociedad para alcanzar la liberación nacional y social de nuestros pueblos.

Esto tiene relación con lo siguiente: la historia cultural de Europa fraccionó las distintas ramas del saber en departamentos estancos, aislados unos de otros. Ha sido el principio aplicado en la dilatada historia política de las sociedades clasistas desde Roma —con su divisa *divide et impera*— pasando por Maquiavelo, que fue el más profundo analista político de los tiempos en que el capitalismo emergía en el seno de la sociedad feudal, hasta la política imperialista en nuestros días.

Pero fue realmente el capitalismo, con el desarrollo de la industria y el notable y alto grado alcanzado por la división del trabajo, el que profundizó en la fractura entre las diversas disciplinas, convirtiendo a cada una de ellas en actividades especializadas. Ello constituyó en su momento una necesidad para el avance de las ciencias; pero el progreso humano estaba obligado a superar esta situación. Sin embargo, como queda dicho el capitalismo extendió y profundizó la segmentación de las ramas culturales.

En el carácter fetichista de la mercancía está presente el egoísmo humano, que consciente o inconscientemente emplea formas de la cultura con fines de restringir, desvirtuar o aplastar la justicia que constituye su valor primigenio. Si desde antes de la Edad Moderna el divorcio entre lo que se llamó materia y lo que se denominó espíritu, determinaba la fractura cultural. En el capitalismo, el fetiche de la mercancía estudiado por Marx, al separar al creador —el trabajador— de su creación —producto de su trabajo— alentó el proceso de fragmentación cultural. A estas alturas ha creado el caos social y espiritual de fundamentos económicos el cual se observa en el mundo de hoy. Pretenden y no logran imponer el dogma de un pensamiento único que es, propiamente la ausencia de pensamiento.

Europa alcanzó la cima en lo racional y lo dialéctico, América Latina y el Caribe logró lo más elevado en cuanto a los valores espirituales, lo que se suele caracterizar como Utopía. Tal como vamos a definir estas dos corrientes, se relacionan con lo que en el lenguaje de la filosofía de Marx y Engels, se conoce como oposición entre el idealismo y el materialismo. Procuremos una fórmula más comprensible para entender este desafío:

1. La evolución del pensar científico que concluyó en su más alta escala con el pensamiento racional y dialéctico, a este respecto después de Marx y Engels no se ha alcanzado nada más elevado en filosofía, a no ser por aquellos que partieron de sus fundamentos y los enriquecieron.

2. La tradición del pensamiento utópico que tiene raíces asentadas en las ingenuas ideas religiosas de las primeras etapas de la historia humana y que en la civilización occidental se nutrió inicialmente, y en su ulterior evolución de lo que conocemos por cristianismo.

Ambas corrientes necesarias para el desarrollo y estabilidad de las sociedades, han venido siendo desvirtuadas y tergiversadas a lo largo de la historia por la acción de los hombres. Unas veces cayendo en el materialismo vulgar y otras en el intento de situarse fuera de la naturaleza, ignorando sus potencialidades creativas. Martí hablaba de la necesidad de relacionar la capacidad intelectual del hombre y sus facultades emocionales. Los más avanzados progresos de la psicología confirman esta posibilidad; es decir respeto a lo mejor y más depurado de las ideas científicas y lo que se ha llamado pensamiento utópico, las esperanzas y posibilidades de realización hacia el mañana. Una filosofía que se corresponda con los intereses de los pueblos será aquella que articule uno y otro plano partiendo de la idea leninista de que la práctica es la prueba definitiva de la verdad y del principio martiano de procurar la fórmula del "amor triunfante".

Esta síntesis es la que logró la nación cubana en el siglo XX, al integrar lo más elevado del pensamiento filosófico, político y social de Europa, con la cultura espiritual y de aspiración utópica de nuestra América. Utopía realizable que sólo se logra con el apoyo de la ciencia. Sobre tales fundamentos hay que ir a la búsqueda de un pensamiento filosófico, que oriente nuestra acción política y social hacia la conquista de un mundo mejor. Hay que empezar por la cuestión moral. Cultura, ética, derecho y política solidaria, he ahí la clave central de un nuevo pensar, ello está en el corazón de la lucha de ideas.

Las principales dificultades se hallan en lo siguiente: no obstante el alto desarrollo de la ciencia y del pensamiento de la llamada Edad Moderna, nunca se alcanzó a elaborar un análisis riguroso sobre bases científicas acerca del papel de la ética. El proceso de fragmentación que el imperialismo ha acelerado, ha llegado al extremo de formular la tesis de que la historia es una simple cronología de hechos. Pensar así equivale a estar más atrás no sólo de Hegel, sino de Herodoto, síntoma inequívoco de su decadencia. Olvidan el hecho de que a los países les ocurre como a los hombres, cuando pierden la memoria no saben por dónde van, ni como concebir el futuro, se trastornan psicológicamente.

La humanidad ha hecho trascendentales descubrimientos en el campo teórico orientados a la economía, la sociología, etc, pero el tema ético fue tratado casi siempre como una cuestión de las religiones; nunca logró llegar a la cúspide de un pensamiento que explicara su necesidad en el desarrollo económico social. Este es el compromiso de la cultura en el siglo XXI: exaltar la ética sobre el principio enunciado por José de la Luz y Caballero, cuando dijo "la justicia es el sol del mundo moral". Y un sistema de derecho que se inspire en la justicia para todos los ciudadanos sin excepción, desde luego es sólo posible en un país donde se hace la más auténtica revolución.

La Edad Moderna surgió bajo el símbolo de Caín y Abel, desencadenando los peores instintos de los hombres y exaltando el humanismo y el sentido universal de la justicia. Sólo reconociendo esta dualidad y trabajando en favor de las más nobles aspiraciones humanas podremos trascender plenamente la época que comenzó en 1492, con el descubrimiento de los caminos del mundo.

Educación, Ciencia y Cultura integran una identidad en la que se revela la tragedia humana y se decide la lucha por el futuro de nuestra especie. Sin fortalecer este núcleo programático nadie puede asegurar que en el siglo XXI, una cadena de trágicos sucesos no desemboque en el último episodio de la historia del hombre. Entonces sí se hará real el fin de la historia, proclamado alguna vez por un tecnócrata de la postmodernidad, la degradación ética está en la esencia del drama. Se ha hablado tanto de postmodernidad y no voy a renunciar a la palabra, entre otras cosas porque no quiero podar el lenguaje, y porque es verdad: estamos en una etapa posterior a la Edad Moderna, pero es necesario precisar a qué postmodernidad estamos adscriptos; porque hay dos posibles: una sería la del caos postmoderno presente en la dramática realidad que hoy amenaza con destruir a toda la humanidad, y la otra consiste en coronar la Edad de la Razón con principios éticos, e iniciar la verdadera historia del hombre. Esta es la única forma racional de actuar.

Un camino consecuente para desarrollar el pensamiento de Marx, Engels, Lenin y del socialismo, consiste en estudiar la crisis del sistema político burgués contemporáneo, para encontrar los procedimientos encaminados a enfrentarlo y superarlo definitivamente; esto sólo se puede hacer desde nuestra América.

Autoctonía y universalidad en Mariátegui[53]

En la evolución del pensamiento socialista hay eslabones no suficientemente exaltados, y a los cuales no se les han extraído todas sus enseñanzas; la izquierda está en la necesidad vital de estudiarlos para retomar el rumbo perdido. José Carlos Mariátegui en América, corrió similar suerte a la de Antonio Gramsci en Europa; no se asumieron sus ideas, por lo que su pensamiento estuvo ausente de la evolución del socialismo en las décadas subsiguientes ¿Fue acaso por la insuficiencia de las ideas socialistas?

Las graves dificultades generadas en el seno del movimiento comunista, no facilitaron que los criterios de pensadores de su estatura pudieran insertarse en la evolución de las ideas socialista en el siglo XX.

La validez de un principio filosófico y de un método científico a aplicar en las ciencias de la sociedad, no pueden determinarse exclusivamente por el resultado de desenlaces coyunturales, aunque estos hayan sido de gravísimas consecuencias históricas, tanto más cuando en la práctica socialista de las décadas posteriores a Mariátegui, se adoptaron caminos y posiciones de incidencia estratégica, que no se correspondían con los enfoques de carácter universal del pensamiento de Lenin.

Hace falta volver la mirada hacia el ilustre peruano, dijo Mariátegui que desde su vivencia en Europa pudo conocer y penetrar más profunda y radicalmente en el drama de la realidad americana y en especial del Perú. Este empeño fue acompañado de y noble pasión de un revolucionario consecuente para enfrentar la tragedia social de su pueblo, en este caso Perú y América. Por eso logró tan alta escala, el autor de *Siete ensayos de la interpretación de la realidad peruana*. Esa es una primera clave a tener en cuenta en los tiempos actuales para poder avanzar. Él representa la unidad integradora de ciencia y conciencia. La perdurabilidad histórica del pensamiento de Mariátegui se fundamenta en esa identidad. En el mencionado texto abordó la situación social y económica de su país. Su agudeza lo ayudó a realizar un análisis acerca de una realidad que Marx y Engels no habían conocido, ni podían siquiera imaginar.

Él advirtió que en el Perú no había cristalizado una clase burguesa, capaz de revolucionar la sociedad. Este fenómeno también lo he estudiado en la evolución histórica de Cuba, y es un indicador importante para superar las limitaciones teóricas presentes en el pensamiento revolucionario latinoamericano.

Tal análisis le permitió al Amauta adentrarse en los problemas y realidades de la población indígena del Perú y su entrelazamiento con la realidad económica, social y cultural. Se planteó este problema sobre el presupuesto de la conquista de la tierra y la liquidación del latifundio. Muchos de sus descubrimientos y análisis tienen validez en la América Latina de hoy. Martí decía que mientras el indio no se incorporara a la lucha por la liberación, esta no se habrá conquistado de manera cabal.

No parece lógico que Mariátegui tuviera una amplia y detallada información sobre la obra intelectual de Martí. Sin embargo, muchas de sus ideas coinciden con los textos martianos, las mismas tienen una articulación tan clara que puede sorprender aún a quienes sentimos la identidad de nuestra América como algo muy fuerte. Ello muestra que en el sustrato social y político de nuestra patria grande, hay hilos invisibles que forman un tejido cultural de profundas y sutiles raíces.

Desde el remoto antecedente de Simón Rodríguez, el maestro del Libertador, existe una concatenación de pensamiento a la cual se adscribe Mariátegui. Esa cadena viene recorriendo la historia de las ideas de América con la aspiración de vincular los propósitos y enfoques culturales con las luchas políticas y sociales. En los años posteriores a la Primera Guerra Mundial, representó este mismo propósito sobre el fundamento del pensamiento socialista, y se volcó como revolucionario consecuente al terreno de la acción social. Su ideal socialista no se limitó a la autoctonía americana, tampoco la perspectiva universal afectó el valor de lo autóctono. Universalidad e identidad nacional o local, son dos polos de una contradicción que la prepotencia imperialista y los estrechos nacionalismos presentan hoy como una seria limitación para la evolución del ideario revolucionario. En muchos de los trabajos de Mariátegui se aprecia cómo junto al conocimiento científico recibido de Europa se halla la tradición espiritual y moral muy viva y activa en el corazón de la cultura latinoamericana.

En un trabajo sobre el Che Guevara (cuya fecha de nacimiento por esos azares de la vida se conmemora también como Mariátegui el 14 de junio), explico como el significado de la trayectoria del argentino-cubano, está en revelar la unión entre lo mejor del pensamiento científico-social europeo, y la cultura espiritual de la Patria de Bolívar y de Martí. Este sello integrador tiene valor universal y se encuentra también presente en Mariátegui.

Los análisis realizados por él, sobre cuestiones de la subjetividad y dentro de ello con temas de psicología social, el papel de los mitos y otros de enorme interés científico y filosófico; como cuando describió los nexos entre el pensamiento de Marx y de Freud, muestran que se hallaba muy por encima del materialismo reduccionista prevaleciente en las ultimas décadas.

Algunas de sus afirmaciones sirven para situar los valores espirituales dentro de la perspectiva y óptica del pensamiento materialista dialéctico requerido en el siglo XXI. Este camino de análisis permitirá mostrar la inconsecuencia de los que en nuestros días tratan los problemas de la subjetividad con superficialidad y frivolidad.

El materialismo consecuente debe abordar con rigor el peso de lo subjetivo en el curso histórico, de lo contrario se seguirá imponiendo el análisis superficial. Quienes se interesen en el papel de las ideas, los sentimientos, en el valor de los símbolos en los procesos sociales, entre otros diversos temas de gran interés actual, pueden hallar en los trabajos de Mariátegui valiosos indicadores para estudiarlos desde el punto de vista de un marxista cabal.

En los tiempos posteriores a la Primera Guerra Mundial y a la Revolución de Octubre, época en que estudiaba y escribía Mariátegui, el marxismo llegaba virgen a América, sin las profundas desviaciones que después comenzaron a manifestarse.

Al culminar su breve vida de 35 años en 1930, dejó no sólo valiosos análisis políticos, sociales y culturales de aquel tiempo, sino la imagen de un revolucionario verdadero, y por tanto la carga heroica y romántica que necesariamente posee; así quedó como un mito, vuelve a revivir su memoria porque persiste el drama social que esos símbolos revelan.

La autoctonía y universalidad del pensamiento latinoamericano de Mariátegui, le facilitó comprender la significación que para el socialismo tenían los movimientos de liberación entonces en gestación en el Oriente. Destacó con originalidad lo que ya se hallaba presente en los análisis leninistas: la importancia para el destino del socialismo de los países del Tercer Mundo, ello lo formulaba en oposición al eurocentrismo que cifraba únicamente las posibilidades del triunfo del socialismo a lo que pudiera suceder en Europa, o en los países altamente desarrollados.

Incluso ni siquiera se tuvo en cuenta que la Revolución de Octubre, había nacido en una de las zonas más atrasadas del viejo continente. Este rasgo del pensamiento de Mariátegui tiene la significación de que décadas más tarde, la lucha de liberación nacional en África, Asia y América Latina iría a convertirse en el reto principal planteado al socialismo en la segunda mitad del siglo XX. Allí donde se logró articular la lucha de liberación con las aspiraciones socialistas, las ideas avanzaron por nuevos caminos, como sucedió en China, Vietnam y Cuba.

Se observa en la vida y obra intelectual de esta cumbre de la cultura política de América, un marcado acento espiritual enlazado con el análisis de la realidad concreta. Está presente una ética de valor universal y el frescor de las ideas humanistas, desde la óptica de las aspiraciones redentoras de los pobres y explotados. La lectura de sus textos nos permite apreciar como desde las primeras décadas del siglo XX, había en América Latina y en especial en sus más destacados pensadores, una vasta información acerca de las realidades de todos los continentes. Esto es original en el mundo de entonces. Mariátegui fue uno de sus símbolos en los años 20 y el Che en los años 60. Harán bien los jóvenes ante los descomunales problemas que tenemos en el mundo, en volver por Mariátegui y el Che, para encontrar un camino nuevo genuinamente revolucionario para la izquierda.

Martí y Marx: Raíces de la Revolución Socialista de Cuba[54]

Cuando procuramos establecer una relación entre el pensar de Martí y el de Marx, lo hacemos por dos razones; la primera porque en el siglo XX, ambas corrientes de pensamiento se articularon en la Revolución cubana, y la segunda porque la necesidad de alcanzar la síntesis de diferentes corrientes del pensamiento universal, es una exigencia para la evolución intelectual y moral de la humanidad. Para los cubanos ambos representan los planos más altos del saber filosófico y humanista de la cultura europea y latinoamericana del siglo XIX.

Martí con su vasta cultura, entró en contacto con las ideas de Marx y las corrientes socialistas que llegaban a Nueva York, en el último cuarto del siglo XIX, con las oleadas de inmigrantes de diversos países europeos. Su crónica publicada en el periódico argentino *La Nación*, el 29 de marzo de 1883, en ocasión de la muerte de Marx, nos ha quedado como un testimonio vigoroso de su aprecio por aquél.

> Ved esta gran sala. Karl Marx ha muerto. Como se puso del lado de los débiles, merece honor. Pero no hace bien el que señala el daño, y arde en ansias generosas de ponerle remedio, sino el que enseña remedio blando al daño. Espanta la tarea de echar a los hombres sobre los hombres. Indigna el forzoso abestiamiento de unos hombres en provecho de otros. Mas se ha de hallar salida a la indignación, de modo que la bestia cese, sin que se desborde,

y espante. Ved esta sala: la preside, rodeado de hojas verdes, el retrato de aquel reformador ardiente, reunidor de hombres de diversos pueblos, y organizador incansable y pujante. La Internacional fue su obra: vienen a honrarlo hombres de todas las naciones.

[...] Karl Marx estudió los modos de asentar al mundo sobre nuevas bases, y despertó a los dormidos, y les enseñó el modo de echar a tierra los puntales rotos. Pero anduvo de prisa, y un tanto en la sombra, sin ver que no nacen viables, ni de seno de pueblo en la historia, ni de seno de mujer en el hogar, los hijos que no han tenido gestación natural y laboriosa. Aquí están buenos amigos de Karl Marx, que no fue sólo movedor titánico de las cóleras de los trabajadores europeos, sino veedor profundo en la razón de las miserias humanas, y en los destinos de los hombres, y hombre comido del ansia de hacer bien. Él veía en todo lo que en sí propio llevaba: rebeldía, camino a lo alto, lucha...

[...] Son los rusos el látigo de la reforma: más no, ¡no son aún estos hombres impacientes y generosos, manchados de ira, los que han de poner cimiento al mundo nuevo: ellos son la espuela, y vienen a punto, como la voz de la conciencia, que pudiera dormirse: pero el acero del acicate no sirve bien para martillo fundador.[55]

En mayo de1894, escribe Martí desde los Estados Unidos los siguientes párrafos dirigidos a su entrañable amigo, el socialista Fermín Valdés Domínguez:

Una cosa te tengo que celebrar mucho, y es el cariño con que tratas; y tu respeto de hombre, a los cubanos que por ahí buscan sinceramente, con este nombre o aquél, un poco más de orden cordial, y de equilibrio indispensable, en la administración de las cosas de este mundo: Por lo noble se ha juzgar una aspiración: y no por ésta o aquella verruga que le ponga la pasión humana. Dos peligros tiene la idea socialista, como tantas otras —el de las lecturas extranjerizas, confusas e incompletas— y el de la soberbia y rabia disimulada de los ambiciosos, que para ir levantándose en el mundo empiezan por fingirse, para tener hombros en que alzarse, frenéticos defensores de los desamparados. Unos van de pedigüeños de la reina... Otros pasan de energúmenos a chambelanes... Pero en nuestro pueblo no es tanto el riesgo, como en sociedades más iracundas, y de menos claridad natural: explicar será nuestro trabajo, y liso y hondo, como tú lo sabrás hacer: el caso es no comprometer la excelsa justicia por los modos equivocados o excesivos de pedirla. Y siempre con la justicia, tú y yo, porque los errores de su forma no autorizan a las almas de buena cuna a desertar de su defensa [56]

Se observará que se trata de una descripción con anticipación de décadas, de lo acaecido en la realidad con las ideas socialistas en el siglo XX; lo que faltó en el "socialismo real" fue precisamente el "martillo fundador" mencionado por Martí. Él concreta "los peligros de las ideas socialistas, como tantas otras" en la incultura y la maldad humanas, en factores subjetivos, fue un profeta.

En relación con la idea de que "le espanta lanzar unos hombres contra otros", ha de tomarse en cuenta que en esa misma época Martí preparaba la guerra necesaria contra el poder español en América, para evitar a tiempo la expansión del imperio yanqui; no vaciló en convocarla aún cuando la caracterizó de "humanitaria y breve" y estaba consciente que traería también enfrentamiento, muerte y destrucción.

En cuanto a la crítica que él formula sobre el extremismo, es necesario tener en cuenta que entonces en Nueva York, las ideas anarquistas estaban muy confundidas con las concepciones marxistas prevalecientes en Estados Unidos. Engels señaló severamente que en Norteamérica no se estaban aplicando consecuentemente las ideas de Marx. Es sabido que Marx y Engels alertaron siempre contra los extremismos y las formulaciones de los anarquistas.

En 1886, Engels refiriéndose a las deformaciones y malas interpretaciones de la teoría de Marx en Estados Unidos señaló:

> A mi juicio, muchos alemanes que viven en Norteamérica han cometido un grave error cuando, al verse cara a cara con el poderoso y glorioso movimiento fundado sin su participación, intentaron convertir su teoría importada y no siempre entendida

correctamente, en algo así como una elleinse ligmachendes
Dogma (un dogma que lo salva todo) y se mantuvieron apartados
de todo movimiento que no aceptaba ese dogma. Nuestra teoría
no es un dogma, sino la exposición de un proceso de evolución
que comprende varias fases consecutivas. Esperar que los
norteamericanos emprendan el movimiento con plena conciencia
de la teoría formada en los países industriales más antiguos es
esperar lo imposible.[57]

Es bueno puntualizar que la idea del socialismo "con este nombre o
aquél" no surgió con Marx. El mérito del autor de *El Capital* consistió
en darle contenido y proyección científico-social a una antigua
aspiración utópica presente en diversas etapas de la historia humana.
Ejemplos sobresalientes los tenemos en el cristianismo durante sus
inicios, y en la utopía socialista que nos representarnos entre otros
muchos en Tomás Moro.

Precisamente en el cristianismo primitivo estaban idealmente
presentes los dos elementos: la aspiración a la liberación del hombre
en la tierra y la de asociarse en comunidad; estos valores constituyen
semillas de la tradición utópica de occidente. En la historia de las
sociedades clasistas durante dos mil años estos ideales han venido
siendo tergiversados por una civilización nacida y desarrollada a
partir de la codicia, la ambición personal y el egoísmo. Hoy la
exacerbación de tales factores negativos amenaza con aplastar
definitivamente todos los valores creados por el hombre en su
historia.

El caos y la carencia de ideas de la civilización occidental, obliga
a investigar y relacionar los hilos principales del tejido ideológico
de los últimos dos siglos a partir de Marx y Martí. No subestimamos
las posibilidades de otras búsquedas con diversas personalidades
de la cultura filosófica política y social, por el contrario no sólo nos
parece útil, sino indispensable hacerlo. Es nuestra aspiración que así
se haga para arribar a una orientación válida en el camino certero de
la liberación humana.

La dispersión intelectual presente en la llamada postmodernidad
revela el agotamiento cultural del sistema burgués imperialista, que

ha fragmentado hasta convertir en polvo, todos los diseños conceptuales creados durante milenios. En el siglo XXI constituye un requerimiento intelectual y moral alcanzar la integralidad de la cultura. La propaganda de los adversarios y los problemas creados en la aplicación práctica del pensamiento de Marx y Engels, son los grandes tropiezos encontrados cuando tratamos de conocer sus aportes e incluso sus límites. El dogmatismo ha servido siempre de sombrilla ideológica al egoísmo individual. Por ello los espíritus egocéntricos proclaman la imposibilidad de todo esquema que pueda presentarse para el estudio de la realidad. Ya no tienen siquiera capacidad para establecer nuevos dogmas, e invalidan la búsqueda de diseños teóricos, sin embargo, estos son imprescindibles para encontrar las vías a favor de la justicia universal y salvar a la humanidad de catástrofes de proporciones incalculables.

José Martí nos habló precisamente de la necesidad de una filosofía de las relaciones, a partir de asumir el ideal de redención del hombre en la tierra. En Marx y Engels estaba presente la aspiración de alcanzar la liberación radical del hombre y la igualdad social, sobre el presupuesto de la revolución y del análisis científico de las diversas vías y formas para lograrlo, asumiendo el desafío de promover la redención del hombre y propiciar las facultades humanas de asociarse.

Martí subrayaba la necesidad de relacionar la capacidad intelectual del hombre y sus facultades emocionales. ¿Por qué el amor no va a situarse como una fuerza real de consecuencias objetivas? ¿Por qué no se traslada esta verdad históricamente comprobada al campo de la vida social? Porque el egoísmo es también una fuerza real. Toda utopía supone un ideal y no se invalidan en los forjadores del socialismo científico los móviles ideales; la utopía en sí, sino se plantea la necesidad de estudiar sus orígenes económicos, sociales y culturales.

Marx sostenía que la poesía de la revolución europea del siglo XIX, sólo podía generarse desde el futuro y señaló:

Entonces no habrá dudas de que el mundo ha poseído durante largo tiempo el sueño de una cosa, de la cual sólo le basta la conciencia para poseerla realmente. Entonces no habrá duda de que el problema no lo constituye el abismo que se abre entre los pensamientos del pasado y los del futuro, sino la realización de los pensamientos del pasado.[58]

Hay en estas formulaciones doble poesía, la de soñar con el futuro y la de procurarlo por vías científicas. Se trata de un sueño profético, continuando esta línea de pensamiento Antonio Gramsci afirmaba:

> En la acumulación de ideas que se nos ha trasmitido a través de un milenio de trabajo y pensamiento, existen elementos poseedores de un valor eterno, los cuales no pueden ni deben perecer. La pérdida de la conciencia de estos valores es uno de los signos más alarmantes de degradación que ha ocasionado el régimen burgués, porque para éste todo es convertible en objeto de transacción comercial y el arma bélica, y nuestra tarea consiste en recuperarlos y hacerlos brillar con una nueva luz[59].

El acento científico predomina en los análisis de Marx, el sentido utópico y poético en el de Martí; pero en los dos hay utopía y ciencia, y sobre todo en ambos se aspira a la liberación universal del hombre. Las diferencias entre ellos están determinadas por el espacio geográfico y la tradición cultural a la que cada uno pertenecía. Marx es la expresión del movimiento redentor del siglo XIX en Europa, y Martí representa la tradición emancipadora de nuestra América.

Desde su estancia como emigrado en Estados Unidos analizó el drama que se incubaba en el seno de esa sociedad durante las últimas décadas del siglo XIX. El Apóstol cubano llegó a su cosmovisión enfrentándose directamente a la esclavitud y a la opresión colonial así mismo asumió el pensamiento revolucionario moderno europeo y la tradición bolivariana. Recogió la tradición ética de la cultura de raíz cristiana en su acepción más pura y original. Con las ideas de Marx, Engels y Martí, podríamos encontrar raíces filosóficas para una ética universal, ellos revelan los más genuinos valores de la cultura humanista.

Marx y Engels, forjadores de las ideas socialistas, asumieron el pensamiento de liberación y de la modernidad sobre el fundamento de la larga evolución intelectual y filosófica que culminó en Hegel. Ellos lo trascienden y lo sitúan en una escala superior, lo llevan a la acción, pero enfrentándose a las concepciones reaccionarias que sobre la espiritualidad venían de la peor herencia medieval y de la Inquisición, y por tanto de las concepciones metafísicas conservadoras que trazaban radical divorcio entre lo que llamamos materia y lo que denominamos espíritu.

Si hacemos una comparación acerca de cómo Marx y Engels trataron la cuestión de la subjetividad desde la primera crítica al materialismo de Feuerbach, y lo comparamos con el pensamiento filosófico de José de la Luz y Caballero, maestro del maestro de Martí, encontraremos nexos que a muchos pueden parecerles sorprendentes.

Dicen Marx y Engels en la primera crítica al materialismo anterior:

> El defecto fundamental de todo el materialismo anterior — incluido el de Feuerbach— es que sólo concibe las cosas, la realidad, la sensoriedad, bajo la forma de objeto o de contemplación, pero no como actividad sensorial humana, no como práctica, no de un modo subjetivo. [60]

El error o la insuficiencia presente desde el origen de las ideas filosóficas estuvo en trazar un abismo infranqueable entre lo que se llamó objetivo (materia) y lo que se denominó subjetivo (espíritu), cuando ambos planos tienen una profunda interrelación y forman parte de la unidad material del mundo —para decirlo en el lenguaje de Marx— o la unidad de la naturaleza —para expresarlo en términos que empleaba José Martí.

En la tradición filosófica cubana heredada por Martí, sobresalen estas ideas de Luz y Caballero:

> A torrentes han de llover las luces de todas las ciencias humanas sobre el más privilegiado entendimiento, antes que se dé un solo paso en el primero de los estudios en el orden de la importancia, pero el último en el orden del tiempo y la dificultad. Deslindar

los fenómenos del instinto y de la inteligencia, examinar las causas que pueden alterar dichos fenómenos, o lo que es igual, marcar la influencia de las edades, de los climas, de los temperamentos, de las enfermedades, conocer al hombre sano y al enfermo [...] sólo el capítulo de la enajenación mental es un episodio que respecto de los conocimientos auxiliares que requiere, se vuelve otro asunto principal; [...]. Y más adelante señala: [...] Fisiología, y quien tal dice, dice Física, Historia natural, Anatomía comparada, Medicina, Matemáticas (porque es menester notar la marcha del espíritu humano en todos sus ramos). Psicología y por descontado Ideología, Gramática, Lógica; y quien así se explica, ya incluye todos los recursos de la Crítica y Filología, y por cima de todo y para todo una razón sumamente fortificada y maestra en el ejercicio de la investigación; en una palabra, para el estudio del hombre es menester más que el hombre, toda la naturaleza.[61]

Luz exige de las ciencias intelectuales o espirituales y por tanto de la moral, su comprobación práctica, su confirmación con el ejemplo. El valor de sus ideas se halla en que sólo con la integralidad de las diversas ramas de la cultura se puede alcanzar la racionalidad y la comprensión científica acerca de la importancia de la ética. Porque esta última se interrelaciona con todas las formas del actuar tanto en lo individual como en lo social.

Junto a los condicionamientos económicos que determinan en última instancia la división clasista, están presentes las ambiciones individuales que por naturaleza posee el hombre; sin embargo, los hombres no sólo poseen ambición y egoísmo, también tienen sobre todo potencialmente enormes posibilidades de generar bondad, solidaridad e inteligencia. Estos sentimientos y facultades están presentes en la naturaleza social de los hombres y pueden ser estimulados con la educación y la cultura.

Estamos en condiciones de probar prácticamente con las experiencias positivas y negativas del siglo XX, que las mejores disposiciones humanas pueden promover cambios radicales en los sistemas económicos, políticos y sociales. Esto es posible con un alto nivel de desarrollo económico, una organización social socialista de la producción y distribución de la riqueza, y el apoyo decisivo de la educación, la cultura y la política culta.

Hay un pensamiento de Fidel que resulta síntesis de estos nobles propósitos:

> El gran caudal hacia el futuro de la mente humana consiste en el enorme potencial de inteligencia genéticamente recibido que no somos capaces de utilizar. Ahí está lo que disponemos, ahí está el porvenir.[62]

Una concepción de la inteligencia como la presente en Martí, confirmada por los modernos progresos de las ciencias sicológicas, nos subraya su integralidad de forma tal que penetra y se sintetiza no sólo en la capacidad intelectual del hombre, sino también en las capacidades emocionales, y en su voluntad orientada hacia la acción transformadora. Pensamiento, acción, sentimiento y vocación de servicio están presentes en la naturaleza humana.

Como hemos dicho a pesar de las advertencias de Engels, en el siglo XX, se incurrió en un materialismo grosero, en el que se simplificaban hasta el absurdo las relaciones entre la estructura y la superestructura se pasó por alto la importante cuestión de la génesis de las ideas. Precisamente en ello estuvo el fundamento de la diferencias y aproximaciones entre la cultura de Marx y de Martí. Ambos recogieron la evolución intelectual anterior con distintos matices, pero en esencia expresaron el drama social y la necesidad de utilizar la ciencia y la cultura para abordarlo, y asociarse para este fin. En las ideas de Marx y las de Martí se observan diferencias en la forma de plantear la aspiración, pero hay una complementación entre ambas que nos orienta a tomar en cuenta los factores espirituales que destacó Martí, y los índole económico-social en los que insistieron Marx y Engels.

Otro aspecto sustantivo está en el estudio que Martí hizo del imperialismo norteamericano, en gestación durante su estancia en ese país (1881-1895). Como se sabe, esta no fue una cuestión tratada por Marx, sino que fue Lenin, quien caracterizó al imperialismo desde el punto de vista del materialismo histórico. El análisis realizado por Lenin desde Europa, tiene importantes coincidencias con las formulaciones martianas hechas desde Nueva York. Un estudio de la obra de Martí y en especial su denuncia sobre los "gérmenes funestos" que se gestaban en Norteamérica en las décadas finales del siglo XIX, permite establecer un paralelismo con los análisis posteriores de Lenin. Martí estudió al imperialismo y lo caracterizó económicamente. Existe copiosa literatura al respecto, como sus comentarios a la Conferencia Panamericana de Washington de 1889, el elemento esencial del planteamiento martiano con relación al imperialismo radica en la constatación de un desarrollo económico-material orientado hacia el individualismo, en una sociedad que frenaba o desviaba el desarrollo cultural y espiritual. Este es el drama del imperialismo que en el siglo XXI se manifiesta con mayor fuerza. El fenómeno del paso del capitalismo de libre concurrencia al capitalismo monopolista, es analizado por Martí que lo denuncia y caracteriza de modo ejemplar:

> El monopolio está sentado como un gigante implacable, a la puerta de todos los pobres. Todo aquello que se puede emprender está en manos de corporaciones invencibles formadas por la asociación de capitales desocupados a cuyo influjo y resistencia no puede sobreponerse el humilde industrial [...] Este país industrial tiene ya un tirano industrial.[63]

Con precisión asombrosa describe el asalto al poder económico y político por parte de la oligarquía de los banqueros, con todas sus ramificaciones en la sociedad norteamericana de esa época. En 1885 escribe:

> Forman sindicatos, ofrecen dividendos, compran elocuencia e influencia, cercan con lazos invisibles al Congreso, sujetan de la rienda la legislación, como un caballo vencido, y, ladrones colosales, acumulan y reparten ganancias en la sombra. Son los mismos siempre; siempre con la pechera llena de diamantes;

sórdidos, finchados, recios: los senadores les visitan en las horas silenciosas; abren y cierran la puerta a los millones: son los banqueros privados.

Tres años más tarde, en abril de 1888, con todo ese proceso más avanzado y más visible aún va al fondo y sentencia:

> se ve como todo un sistema está sentado en el banquillo, el sistema de los bolsistas que estafan, de los empresarios que compran la legislación que les conviene, de los representantes que se alquilan, de los capataces de electores, que sobornan a estos, o los defienden contra la ley, o los engañan; el sistema en que la magistratura, la representación nacional, la Iglesia, la prensa misma, corrompidas por la codicia, habían llegado, en veinticinco años de consorcio, a crear en la democracia mas libre del mundo la más injusta y desvergonzada de las oligarquías. [64]

En el terreno social no vacila en señalar las terribles condiciones laborales que les son impuestas a los obreros y desde luego toma partido denunciando que:

> los salarios de los trabajadores del ferrocarril no pasan de un mendrugo y una mala colcha, para que puedan repartirse entre sí dividendos gargantuescos los cabecillas y favorecidos de las compañías. [65]

El expansionismo fuera de las fronteras que ese desarrollo imperialista generaba fue también analizado por Martí, y aquí asume la denuncia de los peligros que representaba para la independencia de Cuba y para los países de nuestra América. En un artículo escrito para *La Nación*, de Buenos Aires, en octubre en 1885, caracteriza a la "camarilla" financiera y sus propósitos del siguiente modo:

> Como con piezas de ajedrez, estudian de antemano, en sus diversas posiciones, los acontecimientos y sus resultados, y para toda combinación posible de ellos, tienen la jugada lista. Un deseo absorbente les anima siempre, rueda continua de esta tremenda máquina: adquirir: tierra, dinero, subvenciones, el guano del Perú, los Estados del Norte de México.[66]

Cuatro años más tarde en 1889, en carta a Serafín Bello, le expone sus temores sobre Estados Unidos, que son en esencia los mismos que expresara, en víspera de su muerte, a Manuel Mercado:

> Llegó ciertamente para éste país, apurado por el proteccionismo, la hora de sacar a plaza su agresión latente, y como ni sobre México ni sobre Canadá se atreve a poner los ojos, los pone sobre las islas del Pacífico y sobre las Antillas, sobre nosotros. [67]

Otro aspecto de la relación entre el pensamiento del Apóstol y el de los autores del *Manifiesto Comunista,* radica en que tanto en la filosofía de Marx y Engels, como en el pensamiento del prócer cubano, podemos encontrar una concepción orientada a proyectar la cultura hacia la transformación del mundo. Eso es muy importante porque la tradición europea en el terreno filosófico —como habían dicho Marx y Engels— se había limitado a una función descriptiva.

En cuanto a Martí, toda su vida fue un empeño para la transformación del mundo y por una interpretación cultural que ayudara para tal propósito. El gran escritor y poeta que dominaba a la perfección y enriquecía las formas del lenguaje, llegó a afirmar: "Hacer es la mejor manera de decir".

Para asumir la defensa de los intereses de las masas explotadas y de la humanidad en su conjunto, es necesario orientarse por una fundamentación cultural. Muchas veces se suele actuar sin ella, pero el propósito de liberación humana requiere objetivamente de la cultura. Los que desdeñan una elaboración de este carácter, lo hacen para proteger intereses inmediatos sin tomar en consideración una perspectiva de largo alcance. Relacionar los intereses inmediatos con tal perspectiva es precisamente, labor de la cultura. Se suele incurrir, a la vez, en un error a la inversa al hacer elaboraciones teóricas sin tener en cuenta la práctica. Este es un aspecto cardinal de la historia de las ideas. Pero Cuba asumió la línea de transformar el mundo a partir de la cultura. El pensamiento socialista de Marx y Engels se lo planteó también de esta manera.

También en Martí la cuestión social era un componente esencial de la política, el postuló: "se viene encima, amasado por los trabajadores, un universo nuevo"; y se planteó la independencia de Cuba como un deber de carácter continental y universal.

El Partido que constituyó tenía como base social original a los trabajadores de Tampa y Cayo Hueso, no formulaba su radicalismo social en la forma en que se exponía en la cultura europea, sino en la mejor tradición literaria de nuestra América. En la esencia de sus concepciones estaba el drama social del hombre, presente también en la tradición obrera y socialista del viejo continente.

La cuestión que Marx expresó en la célebre frase de que la violencia es la partera de la historia, la entendemos hoy de la siguiente manera. Quienes generan la violencia son los reaccionarios y conservadores que se resisten a los cambios y obligan a los pueblos a lanzarse a la revolución. Así lo entendió José Martí cuando organizó la guerra necesaria, así lo entendemos nosotros. La clave de la cuestión está en que la violencia no está generada por los socialistas, sino por las condiciones económico-sociales, y la alientan los reaccionarios. Por ello debemos trabajar siempre como lo ha hecho la Revolución cubana por mostrar que la violencia es siempre responsabilidad del enemigo.

Podemos apuntar también otro elemento en Martí que muestra un acercamiento al ideal socialista. Señaló que el secreto de lo humano estaba en la facultad de asociarse. El principio de liberación radical del hombre que enunciaran los forjadores del socialismo científico y que estaba presente también en el centro del ideal martiano, son puntos de coincidencia bastante profundos que permitieron en el siglo XX, que los primeros comunistas cubanos surgieran del pensamiento martiano; estas ideas las podemos defender hoy como martianos y socialistas.

Las revoluciones populares del siglo XX, han mostrado una y otra vez, que es condición de su éxito que el ejército popular actúe bajo la dirección de una vanguardia política. Pero a finales del siglo XIX, sin ningún precedente en nuestra América, el propósito de que el partido influyera en la orientación de la guerra, no podía si no sorprender. Martí no era un continuador de los "civilistas" del 68, fue un precursor de los revolucionarios radicales del siglo XX. Habría que esperar a que el desarrollo de la historia echara una luz reveladora sobre el hecho para que esto se viera con toda claridad. En la travesía vital del Apóstol y en el desarrollo de sus más profundas convicciones aparece también la relación de forma y esencia como una constante preocupación. Fue la búsqueda incansable de este nexo la que lo condujo a una exitosa práctica revolucionaria. Ese apasionado interés de promover el ideal de independencia y de liberación nacional y social por las vías y formas más apropiadas al objetivo que se planteaba, lo llevaron por el camino de la guerra necesaria, y del Partido Revolucionario Cubano.

Si estudiamos las formas, métodos y principios organizativos del Partido Revolucionario Cubano, comprobaremos la precisión que Martí alcanzó con respecto a cómo apoyar políticamente la guerra. Asimismo, si analizamos las bases del partido de Martí, observamos cómo la práctica le llevó a aplicar principios de organización, algunos similares a los desarrollados por Lenin en el Partido Socialdemócrata Ruso.

El Partido Revolucionario Cubano, no era una simple suma de afiliados, sino propiamente un complejo de organizaciones. Poseía bases programáticas y estatutos democráticamente aprobados, y una definida política antiimperialista. En la Cuba de 1892, esto era realmente extraordinario. Sus estatutos secretos establecen textualmente:

> El Partido Revolucionario Cubano se compone de todas las asociaciones organizadas de cubanos independientes que acepten su programa y cumplan con los deberes impuestos en el. [...]
> El Partido Revolucionario Cubano funcionará por medio de las asociaciones independientes, que son las bases de su autoridad. [68]

Recuérdese, que en los años iniciales del siglo, Lenin debió desarrollar una polémica por imponer dentro de la social democracia rusa el principio de que el partido debía ser un complejo de organizaciones. Por otra parte fue en pleno siglo XX, que la fase imperialista del capitalismo fue denunciada y explicada por él.

No constituye un hecho casual que la fundación del Partido Revolucionario Cubano tuviera lugar en Cayo Hueso, donde se encontraban los obreros tabaqueros emigrados. Asimismo, la presencia conocida y valorada por Martí de marxistas, socialistas utópicos y anarquistas en el seno del partido es cuestión sobresaliente. También es significativo que fuera precisamente el marxista Carlos Baliño a quien Martí le dijera: "Revolución no es la que vamos a hacer en la manigua, sino la que vamos a realizar en la República".

Los hechos del Primero de Mayo en Estados Unidos tuvieron una repercusión inmediata en nuestro país. En 1889 se acuerda por primera vez conmemorar la fecha con manifestaciones obreras. Se convoca para el Primero de Mayo de 1890 una jornada internacional de los trabajadores. En esa conmemoración inicial estuvo presente la todavía incipiente clase obrera cubana. Estos hechos de gran significado no pasaron inadvertidos para Martí. Sus amigos socialistas le escribían desde Cuba acerca de sus ideas. Martí les alentaba a continuar estudiando los problemas sociales y elogiaba estas inquietudes.

Pero, desde luego, la tarea y el papel de Martí eran otros. Tenía que organizar y dirigir la guerra por la independencia de Cuba para evitar a tiempo la expansión yanqui por América. Las condiciones históricas que prevalecían en América y en el mundo al terminar la guerra de independencia, hicieron que el programa del Partido Revolucionario Cubano no pudiera ser realizado.

Como se ha señalado, nuestro Héroe Nacional era tan revolucionario que no pudiendo admitir sosegadamente los obstáculos y limitaciones de su época, lanzó sin embargo, para el porvenir una bandera y un programa que aun hoy constituyen un ideal a alcanzar por muchos pueblos de América.

La historia en el caso de nuestra patria, mostró con ejemplaridad que el programa del Partido Revolucionario Cubano era un antecedente necesario del programa socialista de nuestra Revolución; así lo vio Mella; así lo vio Fidel.

Esto explica el hecho de que al transcurrir tres décadas de su muerte, quienes mejor comprendieran el pensamiento de Martí, fueran los fundadores del primer Partido Comunista de Cuba: Julio Antonio Mella y Carlos Baliño.

No podían los sectores burgueses criollos del siglo XX, vacilantes y subordinados al imperialismo yanqui, entender el pensamiento humanista, popular, ultra democrático y antiimperialista de José Martí. Ello rebasaba sus propios intereses de clase.

Dice Julio Antonio Mella:

> Consiste, en el caso de Martí y de la Revolución, tomados únicamente como ejemplos, en ver el interés económico-social que "creó" al Apóstol, sus poemas de rebeldía, su acción continental y revolucionaria: estudiar el juego fatal de las fuerzas históricas, el rompimiento de un antiguo equilibrio de fuerzas sociales, desentrañar el misterio del programa ultrademocrático del Partido Revolucionario, el milagro —así parece hoy— de la cooperación estrecha entre el elemento proletario de los talleres de la Florida y la burguesía nacional; la razón de la existencia de anarquistas y socialistas en las filas del Partido Revolucionario.[69]

La Revolución de Martí, triunfadora del Primero de Enero de 1959, y la lucha victoriosa de nuestro pueblo, permiten hoy comprender mejor estos fenómenos. No hubiera sido posible apreciar en toda su profundidad la cuestión sin las luchas de nuestro proletariado, de los campesinos y estudiantes cubanos. No se hubiera entendido sin las batallas libradas por el propio Mella, Martínez Villena, Guiteras, Menéndez; por los combatientes del Moncada, de la Sierra, de la clandestinidad y de Girón. La razón de estos hechos hay que encontrarla en la estrecha relación entre las luchas por la independencia y la justicia social.

Ya en 1868 se había vinculado el problema de la independencia con la cuestión social de la esclavitud; en 1895, se empieza a relacionar el problema de la independencia con el de la tierra. En 1925, la necesidad de combatir la dominación imperialista va unida al problema de la tierra y a la lucha por la liberación de la clase obrera contra la opresión burguesa.

En los años de la fundación del primer Partido Comunista no fue posible que se cumpliera el programa de Martí. Habrían de transcurrir treinta años, para que se comenzara a cumplir. En 1953, Fidel Castro plasma el programa del Partido Revolucionario Cubano en *La historia me absolverá*. Con el triunfo de la Revolución se fue cumpliendo con toda fuerza, energía y valor. Abrió para siempre los caminos de la independencia nacional y de la liberación de la clase obrera y de las masas explotadas.

Martí estuvo con su influencia en la fundación del primer Partido Comunista, en las leyes nacionalistas y antiimperialistas de Antonio Guiteras, en el Granma, en la clandestinidad y en la Sierra. Sus ideas triunfaron el Primero de Enero de 1959. En esa fecha gloriosa alcanzó la victoria la Revolución de Martí. Una Revolución que conquistó para siempre la independencia nacional, la liberación de los explotados, la democracia plena y que abrió el camino del socialismo en nuestra patria.

Y si alguien considera que la Revolución cubana se salió del esquema de Marx, diríamos que el tal esquema no es ni de Marx, ni de Engels, ni de Lenin, y a modo de confirmación repasemos el siguiente texto de Engels:

> Las fases sociales y económicas que estos países tendrán que pasar antes de llegar también a la organización socialista, no pueden, creo yo, ser sino objeto de hipótesis bastante ociosas. Una cosa es segura: el proletariado victorioso no puede imponer la felicidad a ningún pueblo extranjero sin comprometer su propia victoria. [70]

Resultan muy esclarecedoras las aproximaciones y diferencias entre el pensamiento de Marx y Martí, las ideas expuestas por Marx en su *Carta a la Redacción de los Anales de la Patria:*

> A todo trance quiere convertir mi esbozo histórico sobre los orígenes del capitalismo en la Europa occidental en una teoría

filosófico-histórica sobre la trayectoria general a que se hallan sometidos fatalmente todos los pueblos, cualesquiera que sean las circunstancias históricas que en ella concurra, para plasmarse por fin en aquella formación económica que, a la par que el mayor impulso de las fuerzas productivas, del trabajo social asegura el desarrollo del hombre en todos y cada uno de sus aspectos. (Esto es hacerme demasiado honor y al mismo tiempo, demasiado escarnio) [...]

Estudiando cada uno de estos procesos históricos por separado y comparándolos luego entre sí, encontraremos fácilmente la clave para explicar estos fenómenos, resultado que jamás lograríamos, en cambio con la clave universal de una teoría general filosófica de la historia, cuya mayor ventaja reside precisamente en el hecho de ser una teoría suprahistórica. [71]

Engels por su parte señala:

Según la concepción de Marx, toda la marcha de la historia — tratase de los acontecimientos notables— se ha producido hasta ahora de modo inconscientes, es decir, los acontecimientos y sus consecuencias no han dependido de la voluntad de los hombres; los participantes en los acontecimientos históricos deseaban algo diametralmente opuesto a lo logrado o, bien, lo logrado acarreaba consecuencias imprevistas. Más adelante agregaba: [...] toda concepción de Marx no es una doctrina, sino un método. No ofrece dogmas hechos, sino puntos de partida para la ulterior investigación y el método para dicha investigación. [72]

Hoy se requiere una síntesis universal de cultura, que articule lo mejor de las más diversas corrientes para el futuro humano. El materialismo histórico y la tradición filosófica cubana, pueden servirnos para conformar, con las mejores ideas y sentimientos universales de los últimos dos siglos dicha síntesis.

Fernando Ortiz caracterizó la cultura nacional como un ajiaco, señalando la profunda interrelación de las diversas culturas que en Cuba se han conjugado. Estudió sus manifestaciones en el terreno sociológico y del arte. Hoy podríamos decir que en el orden de las ideas filosóficas, también tenemos un ajiaco con sabor a justicia. Es que en Cuba se sintetizaron en estos dos siglos, corrientes fundamentales de lo que se llamó occidente, y las asumimos desde la autoctonía caribeña y latinoamericana para revolucionarlas. Esta es la revolución socialista y martiana que Fidel está promoviendo. Es necesario estudiar las fórmulas prácticas de hacer política presentes en Martí, desarrolladas en el siglo XX y hasta la actualidad por el propio Fidel. Esto se relaciona con los vínculos entre cultura y política. Estudiar los factores que determinaron el alejamiento e incluso el divorcio de estos dos planos de la vida social, es el primer deber de quienes, en el siglo XXI, se propongan luchar por la redención del hombre, único camino para salvar a la civilización del colapso que la amenaza.

El movimiento de Reformas Universitarias iniciado en Córdoba, Argentina, en 1918, que contó entre otras figuras con José Ingenieros y Aníbal Ponce, se extendió por el continente, llegó a nuestro país y fue asumido por Julio Antonio Mella y los estudiantes universitarios. Pero pronto Mella comprendió que para realizar reformas académicas era necesario una revolución social.

Por todas estas razones en nuestro país el pensamiento socialista mantuvo un gran respeto por la tradición de José Martí y la cultura cubana. El ideario nacional nutrió y enriqueció a las ideas socialistas, a su vez le dió validez latinoamericana y universal; fue elemento esencial para la comprensión entre nosotros de las ideas de Marx y Engels. Si Mella y sus compañeros rescataron de la mutilación y el olvido en que había caído en las primeras décadas del siglo XX, el pensamiento patriótico y antiimperialista de nuestro pueblo, hoy trabajamos por fortalecer el ideal socialista en Cuba y ayudar a rescatarlo internacionalmente. Lo podemos llevar a cabo a partir de la cultura cubana de dos siglos de historia, en la cual se destaca la figura de José Martí.

Hugo Chávez en el eje del bien[73]

Cuando en diciembre de 1991 culminó el proceso de desintegración de la URSS y con ella la llamada bipolaridad, señalé que no se trataba sólo del final del socialismo en Europa Oriental y el país soviético, sino de la quiebra radical del equilibrio político forjado a partir de la Segunda Guerra Mundial, y el mismo no tenía carácter socialista. Por eso me pareció muy atinada la afirmación que hizo entonces Eduardo Galeano de que era necesario buscar otro muerto. Al desatarse la acción de Estados Unidos y los principales miembros de la OTAN en los Balcanes, pensé que si con la caída del Muro de Berlín había concluido el ciclo de la Revolución rusa, con la agresión a los países balcánicos se había cerrado el ciclo de la Revolución francesa.

Tras los sucesos del 11 de septiembre del 2001, se inició una época incierta, tenebrosa y de consecuencias imprevisibles para la humanidad. Alguien dijo que Estados Unidos no volvería a ser como antes; lo cierto es que después de esos hechos y sus dolorosas consecuencias, todos percibimos que ha comenzado un nuevo capítulo de la historia. Al mismo le antecedieron la desaparición del campo socialista en Europa Oriental y la Unión Soviética, y las agresiones en los Balcanes. Definitivamente marcan esta nueva etapa, los sucesos acontecidos en los últimos meses a partir de los atentados criminales en Nueva York y Washington, y también la guerra criminal contra Iraq.

La reacción del ala extrema de la derecha gobernante en Estados Unidos tras los criminales atentados contra el pueblo, fue expresada en el discurso del Presidente Bush en los días subsiguientes a aquellos dramáticos acontecimientos. Cuando lo leí, vino a mi memoria el golpe de Estado de Fulgencio Batista, el 10 de marzo de 1952, salvando desde luego las inmensas distancias de tiempo y magnitud, porque el dictador cubano con su golpe de Estado, acabó de destruir el vacilante y precario ritmo jurídico constitucional de la república neocolonial, e instauró la última tiranía que sufrió nuestro país.

Por lo pronto, la Organización de Naciones Unidas, representación del sistema jurídico internacional, fue total y radicalmente desconocida y ha quedado profundamente afectada por la nueva política reaccionaria instaurada. Los Estados Unidos, tras los dramáticos sucesos criminales, se han estremecido en lo interno y los hechos han tenido influencia sobre la economía y la política mundial. El propio ex presidente Clinton, en su intervención en la Convención Demócrata denunció cómo el gobierno del Sr. Bush, utilizó aquellos dramáticos sucesos para lanzar a los Estados Unidos cada vez más hacia la derecha.

Se confirma de manera acentuada la crisis del viejo sistema y de la llamada democracia representativa, al extremo que en la presente coyuntura de la política internacional, hablar de pluripartidismo está ya fuera de la realidad. Parejamente en el mundo numerosas naciones se enfrentan al problema de la ingobernabilidad, el ejemplo más significativo lo tuvimos en Argentina. El análisis de la aguda crisis de la democracia representativa y del pluripartidismo se ha convertido en una necesidad apremiante en nuestros días; tal crisis se manifiesta en la falta de credibilidad del sistema, en el abstencionismo cada vez mayor de los electores, en el surgimiento de agrupaciones alternativas que buscan canalizar la insatisfacción ciudadana por otras vías.

El nacimiento de la institución partido político en su concepción moderna está asociado al parlamentarismo británico, primero con las viejas facciones Whigs y Tories, y más tarde a la Revolución francesa. Reflejaban el enfrentamiento de clases sociales hostiles o grupos con intereses económicos contrapuestos. Fue precisamente en el seno de la Asamblea Constituyente Francesa donde se perfilaron las facciones de los girondinos y los jacobinos, ambas republicanas, contra los realistas. Estas tendencias actuantes en la vida política de Francia, influyeron considerablemente en otros países europeos dando lugar a partidos que representaban ideas progresistas e incluso a los de orientación conservadora. En América Latina y el Caribe se reprodujo ese esquema político, sin estar presentes aquí las clases sociales que le dieron vida allá.

Hoy la mayor parte de los partidos tradicionales, antaño enfrentados por heterogéneas ideologías, están insertados en una trama de mezquinas utilidades y privilegios, en la lucha por el disfrute de los cargos públicos, la corrupción y el entreguismo a los intereses de los explotadores extranjeros en general, como lo muestra la aplicación del neoliberalismo. Para amplias masas de electores la política se ha convertido en algo sucio y ha degenerado hacia la politiquería. Se trata de un fenómeno universal, incluso como se recordará el Sr. Bush resultó elegido presidente, sin alcanzar la mayoría de los sufragios emitidos y a través de unas elecciones a todas luces fraudulentas.

Este proceso de descomposición tiene una larga historia en cada país en particular, pero haré referencia al caso de Cuba, en la cual en la década de 1950 se mostró en forma descarnada la destrucción del pluripartidismo, al no poder los partidos políticos tradicionales que existían en el país, articular alguna respuesta al golpe de Estado de Fulgencio Batista, que había quebrado el orden constitucional de la nación. Este mismo drama se reveló en Chile, donde el sistema pluripartidista más elaborado y culto de nuestra América, condujo a la victoria del Presidente Salvador Allende, el cual fue derrotado violentamente por un golpe fascista cuando defendía el sistema constitucional.

La situación de Argentina es sumamente aleccionadora; el sistema de democracia representativa quedó sin posibilidad inmediata de respuesta al caos derivado de la crisis de la política neoliberal y el sometimiento a intereses foráneos. Las viejas camarillas andan desprestigiadas por la corrupción y el entreguismo al extranjero. La crisis persiste, basta ver el extraordinario documental *Memoria del saqueo,* del talentoso cineasta argentino Pino Solanas, para darse cuenta de la magnitud del drama. En relación a una salida por vías económicas a ese país, los analistas han afirmado que lo que hacía y hace falta es una alternativa política. El profesor argentino de Teoría Constitucional, Roberto Gargarella refiriéndose a los sucesos de su país señalaba:

> Lo que ha venido ocurriendo en los últimos meses, con miles de ciudadanos en la calle dispuestos a protestar, parece decirnos que algo se ha roto, que una mayoría se encuentra efectivamente cansada de no poder hablar, de no contar con los medios para hacerlo, de ser burlada luego de haber aceptado ciertas promesas, de ser ignorada después de haber expresado su opinión a través del sufragio, de ser malintencionadamente malinterpretada en sus juicios electorales...
>
> Luego de más de doscientos años de vigencia de la democracia constitucional en el mundo, es hora de que comencemos a repensar un sistema institucional que, desde entonces, sólo ha envejecido, dejándonos lentamente al margen de aquello que más nos concierne[74].

El hambre y la gran irritación popular hicieron quebrar al régimen en la Argentina. El pueblo encontró un camino dentro del estrecho margen que le ofreció el sistema de partidos, y eligió como Presidente a Néstor Kirchner, a contrapelo de los designios de la vieja politiquería entreguista.

En la actual coyuntura la divisa divide y vencerás, que tuvo precisamente en la pluralidad de partidos su expresión cultural y política, ha quedado superada en forma dramática por las realidades de un mundo globalizado.

En su visionario ensayo *Nuestra América,* el Apóstol advirtió hace 110 años:

La incapacidad no está en el país naciente, que pide formas que se le acomoden y grandeza útil, sino en los que quieren regir pueblos originales, de composición singular y violenta, con leyes heredadas de cuatro siglos de práctica libre en los Estados Unidos, de diecinueve siglos de monarquía en Francia. Con un decreto de Hamilton no se le para la pechada al potro del llanero. Con una frase de Sieyés no se desestanca la sangre cuajada de la raza india. (...) El gobierno ha de nacer del país. El espíritu del gobierno ha de ser el del país. La forma del gobierno ha de avenirse a la constitución propia del país. El gobierno no es más que el equilibrio de los elementos naturales del país[76].

Estas palabras de José Martí deben analizarse hoy a la luz del caso específico de Venezuela, por la repercusión económica y social que tendría la ruptura del régimen de derecho proclamado por la Constitución Bolivariana de 1999. Por ello, la victoria del **No** en la tierra del Libertador debe entenderse como la negativa de su pueblo al torpe propósito de conducirlo por el camino del caos, porque lo cierto es que allí la única opción válida es la que representa Chávez, lo otro sería la anarquía generalizada. Esto puede observarse cuando se analiza la cuestión del petróleo y sus aspectos financieros, económicos y productivos. Parece que algunas personas sensatas del mundo burgués así lo vienen comprendiendo. Un desequilibrio en Venezuela como el que provocaría el derrocamiento del Presidente Chávez conduciría a un proceso de consecuencias imprevisibles para la economía mundial.

Hoy los grupos oligárquicos están mostrando a las claras, a través de las propias palabras de su principal cabecilla, las esencias de la maldad y la estupidez de su política. Y es precisamente enfrentándonos dialécticamente a sus dichos y hechos —que es la forma radical de actuar frente a ellos— cómo podemos combatirlos de manera eficaz.

El Sr. Bush habló del Eje del mal y, desde luego, incluyó a Cuba en esa categoría; pues bien hallemos el Eje del bien, en oposición a toda su criminal y nefasta política. Para ello comencemos con el análisis de los principios jurídicos que han servido hasta aquí de fundamento al sistema político de los últimos dos siglos, y a los cuales se vinculan íntimamente la cultura, la ética, el derecho y la política solidaria. Por ahí andan aspectos muy importantes para la lucha de ideas que en la actualidad se está librando en Cuba y a escala planetaria.

El emperador de la época de decadencia del imperio yanqui, con su conocida arrogancia y autosuficiencia, dijo en ocasión de la intentona golpista para destituir a Chávez el 11 de abril de 2002, que el dirigente venezolano debía aprender la lección y promover en el futuro un cambio de política. Pocas veces un jefe de Estado ha formulado declaraciones tan estúpidas, prepotentes e insensatas. Porque en realidad quienes tienen que aprender las lecciones de la Venezuela bolivariana, son el Sr. Bush y lo que él representa.

Ha caducado la época en que se daban golpes de Estado en nuestro continente, sin que se produjera una respuesta inmediata, concreta y efectiva del pueblo frente a estas tropelías. Los tiempos de Trujillo en República Dominicana, de Somoza en Nicaragua, de Pérez Jiménez en Venezuela, de Batista en Cuba, de Pinochet en Chile, y de tantos otros tiranos de otros países, quedaron atrás con las valientes y generosas acciones del pueblo venezolano a favor de un militar de honor, el Presidente Chávez, quien lleva en la sangre el sentido civilista, democrático y de justicia social de la mejor tradición bolivariana. Se ha demostrado que el imperio no puede ya atropellar impunemente principios constitucionales y jurídicos, e imponerse con su política intervencionista en América Latina.

El Sr. Bush y los gobernantes que ceden a sus presiones, deben aprender lo siguiente: el sistema político que ha sido guardián de privilegios de minorías enriquecidas, desconocedor de los reclamos y necesidades de la inmensa mayoría de la población, ha entrado de hecho en serio cuestionamiento. Esta es la verdadera lección que nos están dando el Presidente Chávez y el pueblo hermano de Venezuela.

Martí, con su visión profética del destino de Cuba, y refiriéndose a los mal nacidos en esta Isla, decía que parecía mentira que con tal porvenir hubiera cubanos que atasen sus vida a la monarquía aldeana y podrida de España. Hoy podríamos también señalar que, con las inmensas posibilidades de convertir a Venezuela en faro de luz que ilumine la integración de nuestros pueblos y ayude al mundo en un momento de grave crisis de la civilización, parece mentira haya venezolanos y cubanos que aten sus vidas al decadente y corrompido imperio yanqui.

Afirmé una vez en Venezuela, que el Presidente Hugo Chávez merecía un Premio Nóbel del Derecho. Estoy seguro que algún día obtendrá éste u otro reconocimiento universal por su defensa a la mejor tradición jurídica latinoamericana. Con la enseñanzas y la tradición de aquel extraordinario militar defensor de la Ley, Simón Bolívar, Chávez con su formación de este mismo carácter, ha roto la tradición entronizada después del Libertador en América Latina, de que desde los cuarteles se dirija a los gobiernos; ha exaltado la autoridad de la Ley y del Derecho, y la ha colocado como un punto central de su batalla revolucionaria. Ha hecho así un aporte a lo mejor de la cultura jurídica internacional.

Para empezar a mostrar la certeza de esa afirmación basta subrayar que en medio de una crisis profunda del sistema de democracia representativa y del pluripartidismo, Chávez ha creado un marco constitucional con el apoyo de las grandes mayorías y está llevando a cabo dentro del mismo, una revolución bolivariana consecuente. Es un ejemplo para América y ello sólo es factible con la tradición de Bolívar, de Martí, y de una larga legión de próceres y pensadores que constituyen la fuente principal de la cultura política y social que necesita la humanidad en el siglo XXI.

La historia de nuestro "pequeño género humano", exige exaltar el ejemplo que está dando la revolución bolivariana y lo reclaman además, las necesidades más perentorias del mundo actual. Los académicos latinoamericanos debían iniciar juntos una cruzada para esclarecer la base científica y cultural del proceso emancipador que tiene hoy en Venezuela una experiencia histórica.

El proceso venezolano —como he dicho— es otra muestra de la

crisis política y moral de los viejos partidos tradicionales que carentes de apoyo popular, se han plegado definitivamente a los intereses imperialistas. Corrompidos como están, después de extraerle a Venezuela sus riquezas por más de 40 años, ahora se pintan cínicamente como abanderados de la democracia.

El mérito de Hugo Chávez y del movimiento bolivariano está en haber asumido, con sabiduría, talento e imaginación, el reto de hacer avanzar la revolución manteniendo un creciente apoyo popular dentro del más irrestricto apego a la Constitución. Es el único caso en el mundo que admite un Referéndum para destituir al Presidente de la República; más democrático dentro del sistema pluripartidista no puede ser. He ahí la originalidad de Chávez: enfrentar ese desafío con las reglas del pluripartidismo. Desde luego, esta revolución bolivariana como todas las auténticas revoluciones, necesita en primer lugar, llegar al pueblo como lo ha hecho Chávez, emprender obras de beneficio social de gran trascendencia y asumir las cuatro categorías que forjan el Eje del bien: cultura, ética, derecho y política solidaria. El trabajo desarrollado al efecto por el Presidente Chávez está a la vista de todos y la contundente victoria en el Referéndum del verano del 2004, confirma una vez más la profundidad del proceso bolivariano en su carácter verdaderamente democrático y participativo. La figura de Chávez alcanza trascendencia universal como digno representante del Eje del bien.

A modo de conclusiones

Como consecuencia de los desajustes sociales en diversas latitudes, el mejor pensamiento de la Edad Moderna está, de hecho, fracturado y se ha impuesto a gran escala un materialismo vulgar y ramplón, contrario a los valores singulares de la humanidad, cuestionador de los paradigmas éticos y que lesiona los principios políticos y jurídicos del occidente civilizado. El pragmatismo y su hermano gemelo el pensamiento tecnocrático, fragmentan las diversas categorías de la vida social, sitúan sus variados contenidos en departamentos estancos, obstaculizan sus vasos comunicantes que le dan el más profundo valor humano y social a la cultura.

La agudización creciente de estos antagonismos, genera conflictos, amenaza la paz y pone en peligro la existencia humana. Están afectando seriamente nuestra atmósfera y la naturaleza, que ha servido de cuna a la humanidad y a su desarrollo; es necesario abordar estos temas cruciales desde el plano de la cultura para garantizar la continuidad de la civilización y el porvenir de la humanidad.

La exaltación de la razón y la ciencia tuvo el mérito de echar abajo en lo conceptual, y ya era algo importante, las atávicas tendencias a la irracionalidad. No obstante, para superarlas en el plano real no basta el pensamiento racional, ni siquiera las más altas escalas del pensar dialéctico. Es necesaria la acción de la educación y la cultura que propicie la transformación del hombre en favor del hombre, sólo así se alcanzará una ética digna del nivel de conocimiento e información logrado por la humanidad.

La civilización tecnológica y científica de la llamada postmodernidad, no tiene otra alternativa que retomar y recrear la mejor tradición humanista de la Edad Moderna, y oponérsela a los peores instintos egoístas que subsisten en la conciencia y subconciencia humana. José Martí decía que los hombres llevábamos una fiera dentro, pero que éramos individuos excelentes que podíamos ponerle riendas a la fiera; las riendas están en la cultura. Nuestro reto es exaltar esa tradición espiritual y ética, ella se encuentra viva en el núcleo central de la cultura latinoamericana y caribeña, de la cual somos sus herederos.

El mundo se ha globalizado y sus problemas también; no se trata ya de salvar a una comunidad aislada, sino a la humanidad toda. La nueva civilización tecnológica no es compatible con el desorden jurídico, las diferencias de desarrollo económico, social y cultural, con los desajustes ecológicos, el racismo, el hegemonismo y con la "fascinación" a ultranza que impone el lenguaje subliminal y empobrecedor de los medios de comunicación. Es así que legítimos y trascendentales descubrimientos, los cuales pudieran facilitar el acceso y la promoción de la cultura a millones de personas, son sin embargo deformados como mercaderías baratas y utilizadas con fines de dominación. Algunos trasnochados de la fuerza "internacionalizadora" de la modernidad suelen aducir de contrabando la idea reaccionaria de que es posible usar la producción simbólica de la postmodernidad y sus superiores medios expresivos (dígase la generación cibernética), a escala humanamente social. Si tal "socialización" fuera del acceso de las grandes mayorías, entonces sería bienvenida y democrática, pero ésa no es la verdad de nuestro tiempo. En realidad sólo unos pocos acceden a las comunicaciones, mientras las grandes mayorías son condenadas al ostracismo más indigno y la marginalidad.

La degradación ética está en la esencia del drama. Las dos revoluciones científico técnicas más importantes de los últimos tiempos, la informática y la mediática, fueron empleadas para producir el espectáculo de guerras reales, las cuales pudieron verse desde los hogares por televisión, como quien disfruta de una alegre comedia o de un apacible programa de recetas de cocina. La biotecnología y la ingeniería genética, una tercera revolución, al servicio de los intereses creados, puede acabar cumpliendo la pesadilla de Orwell: sociedades de zombies manipulados para la producción y el consumo.

La corrupción de las costumbres y los consorcios de la droga marcan la impronta de la vida cotidiana en muchos países desarrollados, y para mayor escarnio se le achaca toda la responsabilidad de esta última a las zonas pobres productoras de la materia prima.

El más vasto proyecto de liberación humana emprendido en el siglo XX sufrió un colapso. Las causas esenciales de su fracaso tienen fundamentos culturales, la subestimación de los factores subjetivos y su tratamiento anticultural, se hallan en la médula de los grandes errores cometidos. Se pasó por alto a la cultura en su acepción cabal y por tanto universal. Como consecuencia se impusieron las pasiones más viles de los hombres, y no pudieron promoverse al plano requerido por la aspiración socialista sus mejores disposiciones.

Esto en las condiciones de sociedades que habían colectivizado las fundamentales riquezas, generó el inmovilismo, la inacción, la superficialidad y acabaron exaltándose los peores rasgos en el sustrato sociocultural de aquellos países. Así perdió toda realidad el llamado "socialismo real". Pero lo que se derrumbó no sólo fue el campo socialista, sino el sistema de relaciones políticas vigente a escala internacional en la segunda mitad del siglo XX.

José Martí caracterizó el desafío que aún hoy tiene vigencia. La contradicción dijo, no está entre civilización y barbarie, sino entre falsa erudición y naturaleza. Así la cultura cuando se corresponde con intentos de dominación es falsa erudición y por consiguiente agrede a la propia naturaleza, y en cambio cuando se identifica con el ideal de liberación, se revela como una segunda naturaleza genuinamente humana. Debemos acabar de entender que ella no es accesoria a la vida del hombre, está comprometida con el destino de la humanidad y situada en el sistema nervioso central de las civilizaciones. En la cultura hacen síntesis los elementos necesarios para la acción, el funcionamiento y la generación de la vida social de forma cada vez más amplia.

Las alternativas de un progreso económico estable han fracasado en diversos proyectos, porque se subestimó el factor humano y la compleja trama de relaciones, creencias y valores que se hallan en la médula de la cultura. Se está produciendo objetivamente un proceso de internacionalización de las relaciones económicas de dimensión y consecuencias insospechadas, y con problemas infinitamente más complejos a los enfrentados hasta aquí por la humanidad.

No podemos aceptar pasivamente que las tendencias homogeneizadoras de la llamada globalización, pisoteen los más elevados valores de la tradición espiritual presentes en el tejido de nuestras naciones; ni permitir que la tradición cultural y las más elaboradas creaciones jurídicas y políticas con sus realizaciones democráticas se destruyan.

Aceptamos el desafío impuesto por las actuales relaciones económicas internacionales, pero ello presupone principios éticos y culturales sobre el fundamento de lo enunciado por el Benemérito de América, Don Benito Juárez, cuando afirmó: "el respeto al derecho ajeno es la paz", sólo así defenderemos a la humanidad de la debacle, a los pobres de la miseria y a la tierra misma del desastre ecológico denunciado por la comunidad científica internacional. La única forma de contribuir a la paz de manera estable y duradera, consiste en situar la bandera de la democracia, el respeto a los valores universales de la cultura y a los principios del sistema de derecho internacional en el centro de nuestro empeño.

El sueño de un gobierno universal, inspirado en el ideal democrático y fundamentado en un sistema de derecho, ha animado durante largo tiempo la utopía de los más nobles humanistas. Hoy los signos terribles de la destrucción de ese sueño se presentan como una pesadilla con los peores presagios. La potencia más poderosa de la tierra viene violentando oficial y descarnadamente el sistema de derecho vigente. Se ha situado con su enorme poder fuera de la Ley. Hay que conocer la historia para saber el reto y el drama presente ante nosotros.

Cuando tras la Primera Guerra Mundial se creó la Liga de las Naciones, los estadistas de mayor visión estimularon el empeño, pero las fuerzas más conservadoras de los Estados Unidos le opusieron cruel resistencia. Aunque el Presidente Wilson había patrocinado la iniciativa, las tendencias reaccionarias aislacionistas se impusieron, y Estados Unidos no ingresó en la novedosa institución internacional.

Entre las dos grandes guerras que conmovieron el siglo XX, la Asociación de Naciones naufragó, y no pudo aportar soluciones que contuvieran el ascenso del nazi fascismo en Europa, el cual acabó generando de 1939 a 1945, la más universal de las contiendas bélicas. Tras las victorias de las fuerzas antifascistas y los acuerdos de Yalta y Potsdam, se creó la Organización de Naciones Unidas en la Conferencia de San Francisco, la cual con enormes limitaciones democráticas agrupó, sin embargo, por vez primera a la inmensa mayoría de los estados en una organización internacional donde el respeto a la independencia y a la igualdad de derechos de cada uno ellos, fundamentada en la cultura jurídica que la humanidad había acumulado, quedó plasmado en compromiso unánimemente aceptado.

La existencia de un órgano superior, el Consejo de Seguridad, con decisiones de obligatorio cumplimiento y el derecho al veto que cinco grandes potencias tomaron para sí, redujo la democracia en la Organización de Naciones Unidas. De todas maneras fue un paso de progreso democrático, y al menos, el equilibrio de poder logrado que se expresaba en el seno del Consejo de Seguridad, operaba con una relativa contención a la política más agresiva, la de Estados Unidos. Integrando la Asamblea General una representación de todos los estados con diversos regímenes políticos y con una mayoría de países del Tercer Mundo, se facilitó un cierto clima democrático. En 1961, al surgir el Movimiento de Países No Alineados, se dispuso de una fuerza representativa de los pobres y de las naciones que habían sido colonizadas en el pasado.

Con la caída del Muro de Berlín, los Estados Unidos se hizo dueño de las decisiones principales en el Consejo de Seguridad. Visualicemos esta encrucijada a partir de los hechos y acontecimientos que han tenido lugar en relación con Cuba, porque por su significación y alcance rebasan nuestras fronteras y marcan el carácter de una nueva época histórica a escala internacional. Los círculos más conservadores de la oligarquía norteamericana, aliados a grupos terroristas, extremistas y mafiosos de la emigración de origen cubano en Miami, le han impuesto una política al gobierno norteamericano que significa una radical contradicción con las bases políticas, culturales y jurídicas de la moderna civilización.

No tengo que explicar detalles porque se conocen perfectamente, sólo debo recordar que el camino de la irracionalidad siempre ha conducido al recrudecimiento de las crisis, al quebrantamiento de la paz y al holocausto de las civilizaciones. El peligro no es sólo para Cuba y lo señalo con modestia. Si no atajamos a tiempo esta oleada, el fascismo de los años 30 y 40 será sólo un lejano punto de referencia de algo infinitamente más grave. Para rechazar esta corriente reaccionaria que amenaza la civilización, ha de asumirse sin esquemas ni "ismos" estériles la inmensa cultura acumulada por los procesos democráticos de la Edad Moderna, y reclamar una más amplia y consecuente participación de nuestros pueblos en las relaciones internacionales.

Víctor Hugo en su tiempo señaló como la última razón de los reyes a la bala de cañón y la de los pueblos el adoquín. Hoy debemos hacerles comprender a los "monarcas" de la economía estadounidense la siguiente conclusión: si los pueblos, los estadistas y líderes políticos y sociales no se movilizan para asumir el desafío, las modernas contradicciones no se decidirán simplemente con balas y piedras; se abrirá un camino de agudos antagonismos, los cuales conducirán al fin de la historia en el siglo XXI, y no al modo retórico como lo empleó un burócrata del imperialismo, sino de una forma real, al último episodio del drama del hombre sobre la tierra. Este reto sólo puede enfrentarse sobre sólidos fundamentos culturales y específicamente éticos.

El peligro mayor está en lo siguiente, la política del más poderoso país capitalista se mueve con criterios aldeanos, son los "aldeanos vanidosos" citados por Martí en las primeras líneas de su célebre ensayo *Nuestra América*, los cuales "no sabían de los cometas que iban por el cielo devorando mundos y que les bastaba ver crecer sus ahorros en la alcancía para dar por bueno el orden universal". Hoy se están generando crisis en las principales "alcancías". Esta gente me recuerda *El hombre mediocre*, de José Ingenieros, acaban encerrados en lo mezquino, identifican las fuerzas de que disponen con toda la realidad. Les falta la cultura espiritual necesaria para entender el mundo de hoy y la naturaleza de los cambios que de una forma u otra tendrán que venir. Están demostrando impotencia e incapacidad para tratar los complejísimos problemas del mundo postmoderno. Vale recordar aquella expresión popular: "Dios ciega a quienes quiere perder".

Están encerrados en las mallas diabólicas de su poderío y no lo saben ejercer con inteligencia tanto menos con amor, expresiones suprimidas de su diccionario. Desencadenan con sus acciones el desorden y se sitúan fuera de la realidad. No entienden que lo real es mucho más profundo de lo que se mueve en la superficie, incluye también el fondo de la vida política y social, y este, de tal o cual manera, condiciona el presente y sobre todo el futuro. Los políticos del imperio no lo consideran una realidad porque ellos están anclados en el pasado oprobioso.

Esos mismos políticos no han podido ni siquiera entenderse con el Estado cubano, el cual posee infinitamente menos recursos que ellos y sólo reclama el respeto a su dignidad e integridad territorial y soberanía nacional. Mal podrán relacionarse y comprender a un mundo más fuerte en su conjunto, requerido de cambios, pero en el sentido radicalmente opuesto al postulado por la ultraderecha norteamericana. Es tanta la ignorancia y torpeza demostrada por estos extremistas en el tratamiento de sus relaciones con Cuba, que nos espanta como seres humanos el poderío por ellos detentado para relacionarse con el resto del mundo.

El diálogo constituye una apremiante necesidad de la paz y la seguridad en las relaciones internacionales, sin embargo, están promoviendo la mayor irracionalidad que va en contra incluso del pensamiento democrático de la mejor tradición norteamericana. Estados Unidos ha comenzado a dejar de ser un Estado de derecho; cuando un sistema niega en la práctica, incluso con formulaciones legislativas, las bases esenciales que le sirven de fundamento, es síntoma de que una crisis seria está presente ya, o se halla en gestación. Los políticos superficiales e irracionales del régimen vigente en los Estados Unidos, no tienen capacidad intelectual para valorar la magnitud de sus acciones. Como ocurre en la historia son actores muchas veces inconscientes del drama que encarnan.

Esa ultraderecha no posee un programa con base y proyección mínima de carácter cultural, y dudo mucho que lo pueda tener. La incultura de los "aldeanos vanidosos" situados en el "Reichstag de Washington", le impide tener una visión sensata y realista del mundo. No les es posible abordar con sobriedad, serenidad y cordura el presente y por supuesto mucho menos el porvenir.

Esta situación ha puesto en crisis la autoridad de las Naciones Unidas para resolver los graves problemas contemporáneos. Los principios éticos y jurídicos del valor universal y el sistema institucional de la moderna civilización, en cuya cúspide se haya las Naciones Unidas, está en peligro de sufrir un desprestigio colosal, por el uso veleidoso y el ejercicio abusivo del poder por parte del Consejo de Seguridad y las fuerzas condicionantes de sus decisiones.

El crecimiento de la arbitrariedad ha conducido a la quiebra de los sistemas socioculturales. El sistema de las Naciones Unidas necesita fortalecerse, pero sólo lo puede hacer por las vías de la democratización, a fin de alcanzar más autoridad moral y más amplias posibilidades de acción. De lo contrario perderá el prestigio indispensable para resolver los conflictos.

Si esta institucionalización surgida como uno de los progresos culturales más importantes del desenlace de la Segunda Guerra Mundial, no se protege y perfecciona en dirección a mayor democracia con la ampliación del Consejo de Seguridad, una mayor autoridad de la Asamblea General, la supresión del "privilegio" del veto, y en fin si no se respetan los principios político-jurídicos que teóricamente inspiran la civilización moderna, se habrá perdido a escala mundial toda la posibilidad para defender los intereses de la humanidad. Si no se promueven la solidaridad y la ternura como línea sustantiva del crecimiento económico-social, no dejaremos una huella duradera sobre la tierra. Sería muy triste que otros seres arriben aquí en los siglos o milenios venideros, y encuentren en un inmenso cementerio, los vestigios de un pasado de cuando en el planeta tierra existían hombres, flores y poesías.

Ningún hombre verdadero rechaza la técnica, la ciencia, como tampoco los juegos y las flores, lo cual forma parte de la naturaleza humana; pero el desafío de este fin de milenio no lo enfrentaremos, ni se resolverá con frases retóricas postmodernas y huecas. Se reclama una cultura de profundos propósitos éticos.

Resulta imprescindible para la economía internacional, entendida ésta en su real sentido, promover el desarrollo sobre el presupuesto de responsabilidades morales y culturales, las cuales impidan se aplaste la vida espiritual y la existencia misma del hombre en el planeta. Estos valores sólo tendrán real significado si no los planteamos en términos universales. Hablamos de desarrollo de toda la humanidad y no sólo de una parte de ella. En este problema está involucrada su propia existencia. Con vocación y sensibilidad universal podremos entender la profundidad del drama económico-social, encontrar caminos de soluciones y enfrentar un esfuerzo sistemático por vencer los gigantescos abismos entre la riqueza y la pobreza.

¿Dónde radica la debilidad de las ciencias sociales, históricas y económicas del sistema social dominante? En pasar por alto una parte esencial de la realidad: el dolor y la miseria creciente a nuestra vista. Para enfrentar esta situación se hace imprescindible articular política, ética y economía. Si no relacionamos cultura y desarrollo no le encontraremos solución a los retos del Hombre en el siglo XXI.

Hoy nos movemos en un contexto histórico distinto al del pasado. La globalización, un proceso al cual no podemos ni deseamos renunciar, será un desastre para la humanidad en su conjunto, si no actuamos consecuentemente, y sin embargo, puede ser el camino necesario para la transformación y salvación de la misma, si obramos con inteligencia y amor. Debemos trabajar con los principios de la solidaridad, la respuesta culta a la globalización inculta está en vincular la cultura al desarrollo. Es la única solución ética y racional. Sólo a partir de los intereses de los pobres y explotados puede protegerse a la humanidad del desastre. En los inicios del nuevo milenio América Latina debe hacer en filosofía y en política, lo que llevó a cabo con el modernismo en la literatura en los comienzos del siglo XX; es decir una renovación genuina y radicalmente creativa.

A escala internacional los conflictos entre identidad, universalidad y civilización estremecen la vida moderna, porque tienen raíces económicas tal como se expresa en el caos intelectual y moral con que los doctrinarios del sistema social dominante enfocan la realidad de nuestros días. En la confrontación entre estas tres categorías visibles en nuestro hemisferio, se halla el vórtice del ciclón que se gesta en estos tiempos de graves convulsiones financieras, terrorismo, crecimiento de los negocios de la droga, desorden generalizado, etcétera.

Las recetas neoliberales pretendieron esconderse con aparentes mejorías de indicadores económicos, pero hoy son desmentidas por la realidad. Los desajustes estructurales y el notable incremento del millonario número de personas viviendo en condiciones de extrema pobreza, son modernas expresiones del antiquísimo conflicto entre pobres y ricos. A estas alturas de la evolución de nuestra civilización hay que promover en todos los países los vínculos entre cultura y desarrollo, entre identidad, universalidad y civilización. La genuina postmodernidad estará en establecer esos vínculos.

La cultura latinoamericana y caribeña debe asumir la realidad de hoy, y plantearse el sueño realizable hacia el futuro caracterizado por la expresión: "utopía universal del hombre". Surgido de una larga evolución natural posee como vocación irrenunciable la búsqueda de un futuro, que aún cuando individualmente no le será dado vivir, siente la necesidad de trabajar y crear en favor de su advenimiento. El momento actual pues es radicalmente diferente al de las décadas anteriores; nunca la cultura y la cohesión han sido más necesarias para enfrentar exitosamente las tareas y los retos de la humanidad. La pragmática civilización anglosajona, cuyos méritos científicos y tecnológicos debemos reconocer y asumir sin prejuicios, no basta para abordar los desafíos espirituales del siglo XXI. Desdeñar el sentido poético y heroico de la vida del hombre, donde se visualiza lo más trascendente del futuro, conduce a errores graves, los cuales amenazan con la desaparición de la especie humana. Nuestra región tiene una enorme potencialidad para continuar el camino en favor del ideal universal de redención del hombre. Entre las fuentes principales de estas ideas están las luchas por la independencia americana representadas en Simón Bolívar y José Martí

Es necesario propiciar una cultura donde no existan antagonismos entre ciencia y ética, ni entre ciencia y fe en Dios. Tenemos el deber de estudiar las categorías llamadas de la superestructura, hemos asistido a la subversión de valores jurídicos, éticos y culturales, levantados en un largo y trabajoso proceso de siglos. Es indispensable situar la solidaridad, la capacidad humana para asociarse en favor de propósitos colectivos, en el centro de un empeño renovador orientado por el esfuerzo científico, tecnológico y profesional de todas las ramas del saber hacia los fines de promover la justicia entre los hombres sin fronteras ni distinciones. Sin una alta conciencia sobre la necesidad de crear una cultura de la solidaridad entre los seres humanos, no podremos vencer estos obstáculos. Comencemos por el amor y la justicia conceptos relegados por una civilización, que se estima superior por poseer tecnologías y conocimientos científicos, y a su vez carece de lo principal: una cultura ética, humanista, duradera y profunda.

Se impusieron los peores instintos e impulsos primarios del hombre, y sólo con el amor y la justicia podremos hoy salvar a nuestra especie de su posible extinción a manos del crecimiento anárquico y desenfrenado del egoísmo. Exaltemos las más nobles aspiraciones del hombre y estaremos promoviendo lo más original de su historia; este es el acento brindado por nuestros pueblos a la civilización. La solidaridad debe constituir un patrimonio universal, punto de partida para la multiplicación de la virtud en las relaciones entre los individuos.

Ternura: he aquí una palabra perdida en el recorrido contradictorio y angustioso del siglo concluido. No se debiera mencionar sin pronunciar un grito de indignación en las ciudades donde los niños sustituyen sus juegos ancestrales por máquinas electrónicas, ante las cuales ensimismados y solitarios se ejercitan en el arte de matar, o cuando ya adultos se identifican con la hostilidad de las tribus urbanas. A escala universal nos estamos esclavizando y banalizando con una pseudo cultura, vinculada a la violencia y el egoísmo desenfrenado, lo cual influye en los índices crecientes de la criminalidad. Los designios geopolíticos tratan de imponerse y para esto emplean los medios y las técnicas más diversas. Nos corroe la cultura del egoísmo: tener más a toda costa y a todo costo. Debemos ser capaces de alarmarnos ante los desastres ecológicos y la espada de Damocles que pende en el agujero abierto en la capa de ozono. Sólo importa a muchos obtener súper ganancias y bien poco pensar en una más justa redistribución de las riquezas.

Se han desgastado las palabras libertad, igualdad y fraternidad en una retórica superficial y vacía, y realmente son inalcanzables no sólo para quienes padecen de imposiciones totalitarias, sino también para los millones y millones que no pueden gozarlas encerrados en la cárcel de la necesidad de sobrevivir a duras penas, y morir sin ver realizada su condición humana.

Esta acumulación de problemas sólo es posible enfrentarla entrando en una nueva época, donde se afirme el valor de la esperanza y la utopía. Sin embargo, algunos glorifican una razón instrumental sobre la base de enarbolar nuevos mitos del Diablo. Se trata por lo contrario de promover una racionalidad que nunca debimos perder y planteárnosla en su más profunda y radical verticalidad. Para el triunfo de la racionalidad si va a tener un valor genuinamente humano, no bastan las cifras frías de una aritmética y una estadística erigidas en "teologías", bien distantes de la definición martiana de Dios cuando dijo que él representa y está en la idea del Bien.

Se impone una nueva práctica para situar a la cultura, la ciencia y la educación en el centro mismo de las estrategias de desarrollo. Todo lo dicho al respecto presente en muchos discursos de los círculos académicos, intelectuales e incluso en los foros políticos internacionales, debe ser llevado a la realidad. Esto se impone como una necesidad política de los tiempos presentes y futuros.

La exaltación de la cultura ha devenido en exigencia inexcusable. Debemos luchar de manera incesante por articular el desarrollo de las fuerzas productivas con una racionalidad que preserve y enriquezca la condición humana. Nuestras sociedades no pueden seguir siendo rehenes de tecnologías destructivas, de arbitrariedades derivadas de una globalización unilateral de la economía, de un consumismo desenfrenado. Y esto sólo se logra si promovemos una auténtica racionalidad moderna, comprometida con los más genuinos valores humanistas universales, a partir de una educación integral que cultive las mejores disposiciones humanas.

Sin proponérnoslo y alejado de toda actitud pretenciosa, nuestro pequeño hogar, Cuba, se ha ido convirtiendo en bandera de esperanza para un mundo donde crecen la pobreza, las desigualdades, se pisotea la dignidad del hombre y se gestan de forma galopante las crisis que amenazan incluso la vida en el planeta, ¿cómo hacemos los cubanos para estar a la altura de nuestras responsabilidades? exaltando los valores éticos y culturales presentes en nuestra historia y llevándolos a la educación, a la política y a todos los planos de la vida nacional, consolidando la cultura jurídica y el cumplimiento estricto de la Ley, que desde los tiempos de la proclamación de la independencia y la Asamblea de Guáimaro en 1869, con su decreto de Abolición de la Esclavitud, está orientada hacia los intereses de los trabajadores y de los explotados.

A partir de estos principios, mi pueblo se interesa y trabaja por relacionarse con el mundo. Pero en nuestra experiencia y dadas las coyunturas en que hemos sido colocados, he llegado a una conclusión clara: para no excluir al otro, o a los otros, es necesario articular como si fuéramos artífices de la historia, los tres conceptos citados anteriormente: identidad, universalidad y civilización. Ninguna identidad puede aceptarse si pretende imponerse sobre la de otros. Cualquier diálogo político, sin un presupuesto de carácter cultural, representa excluir al otro o a los demás. Esta última expresión tan empleada en los intelectuales contemporáneos, es el principio más importante para la relación entre los individuos, las naciones y las identidades humanas. No hay otra lógica para asegurar el respeto a las identidades que defender el derecho de todos los hombres y comunidades humanas a una civilización más alta. Si no se respeta ese derecho, se estará afectando el principio de identidad y generando exclusiones. Cuando esto ocurre, con independencia del principio ético violado, se produce objetivamente un atraso y un perjuicio tanto para la identidad agredida como para la agresora; es una lección que la Edad Moderna confirma.

Tenemos un arsenal de ideas y sentimientos redentores, capaces de contribuir a darle al hemisferio occidental, el aliento necesario para salvarlo del caos. Cuba forma parte de ese inmenso haz de naciones extendidas desde las Antillas y México por el Norte, hasta Chile y Argentina por el Sur. La solidaridad situada en el corazón de nuestro "pequeño género humano", constituye patrimonio universal y punto de partida para la multiplicación de la virtud entre los seres humanos. Esa cultura ha sido pródiga en pensadores y actores de los procesos históricos sociales que fecundan y desarrollan la idea de vincular la bondad con la inteligencia y con la felicidad del hombre en la tierra. Ésta fue la prédica, la enseñanza y la acción de José Martí, tan cubano como latinoamericano y universal. Él también destacó la existencia de hilos invisibles que unen a los hombres en la historia, revelados desde los tiempos de Bolívar en las ansias integradoras presentes en nuestras naciones, etnias y culturas desde el Río Grande hasta la Patagonia.

Somos quienes representamos la utopía y tenemos la experiencia de los siglos transcurridos, abrazarla en el mundo de hoy es una necesidad práctica y diríamos una "razón instrumental" para salvarlo. La utopía purificada por los siglos está presente en la cultura de Latinoamérica y el Caribe, es necesario retomar esa tradición para generar una voluntad política de transformación en favor de la dignidad plena del hombre. Hace falta un programa matriz de todos los programas: el de la alfabetización ética, reclamada por la preservación del patrimonio espiritual más importante de la civilización: el hombre. Se exige una síntesis de la historia cultural del universo la cual sólo puede ser promovida hoy desde nuestra América.

Debemos tratar de evitar que "el mar del Norte y el del Sur se unan y nazca una serpiente de huevo de águila", como temía Martí, y procurar que emerja una paloma capaz de volar tan alto o más que las águilas, para ello el Apóstol postulaba la necesidad de evitar el conflicto calificado por él, de innecesario entre las dos secciones hostiles del hemisferio occidental. De esta manera contribuiremos al equilibrio del mundo. Para la realización práctica de esta noble aspiración se exige la plena independencia de Cuba, el Caribe y América Latina.

Los jóvenes cubanos de los años 50 teníamos un lema: "libertad política, independencia económica y justicia social". La generación de Fidel Castro y el Che Guevara agregó a esta posibilidad la idea de combatir la corrupción, el latrocinio, la inmoralidad. Si hoy logramos hacerlo, estaremos abriéndole paso a las mejores ideas revolucionarias del siglo XXI, porque es por ahí por donde se quiebra prácticamente el sistema burgués imperialista.

Sobre estos fundamentos histórico-culturales los cubanos asumimos el ideal socialista de Marx y Engels.

Notas

1. Publicada en septiembre de 1997, en la revista *Contracorriente*, año 3, N°9 y en *Che desde la Memoria*, Ocean Press, 2004. En los momentos en que escribe la carta, el autor se encontraba en África y el destinatario acababa de ser designado Secretario de Organización del Comité Central del Partido Comunista de Cuba. La letra de la firma se corresponde con la inicial del nombre de guerra que el Comandante Guevara utilizó en aquellos momentos y luego en Bolivia: Ramón.

2. Subrayado por el Che en el original.

3. El Che hace referencia al marxista austriaco Rudolf Hilferding.

4. Martí denominó así al periodo entre las dos guerras independentistas cubanas del siglo XIX.

5. Presbítero Félix Varela (1787-1853), educador, pensador y filósofo cubano. Piedra angular en la forja del pensamiento y la cultura de nuestra nación.

6. Líder indiscutido del estudiantado universitario de la década de 1920 y fundador del movimiento comunista cubano.

7. Dirigente marxista desde el siglo XIX, fundador del Partido Revolucionario Cubano en 1892 y del primer Partido Comunista de Cuba en 1925.

8. Organización clandestina que agrupó amplias capas medias y altas de la sociedad burguesa y realizó actividades subversivas contra la

tiranía de Machado. Después de 1933, devino partido de centro derecha y fue desapareciendo gradualmente porque perdió todo espacio político.

9. Se convirtió en el símbolo más alto del programa radical de la Revolución. Fundó la organización revolucionaria La Joven Cuba y fue asesinado por los esbirros de la tiranía el 8 de mayo de 1935, cuando intentaba salir del país para regresar con una expedición armada.

10. Generación del Centenario o Juventud del Centenario es el término que se usa a menudo para referirse al movimiento revolucionario de jóvenes trabajadores y estudiantes que intentaban derrocar a la dictadura de Batista. El nombre señala el hecho que, en 1953, se conmemoró el centenario del natalicio de José Martí.

11. Primera derrota del imperialismo yanqui en América.

12. Julio Antonio Mella: *Lenine Coronado*. En Mella: *Documentos y Artículos*. Editorial de Ciencias Sociales, La Habana, 1975, p. 87-88.

13. El más excepcional discípulo y continuador del Padre Varela. José Martí lo llamó "el padre amoroso del alma cubana".

14. Versión del trabajo publicado en la revista *Cuba Socialista*, abr.-jun. 1990, del texto de la conferencia que pronunció en la Universidad Nacional de Córdoba y un mitin en Montevideo en Uruguay, el 18 de mayo y el 1 de junio del 2003, respectivamente.

15. C. Marx y F. Engels. Obras escogidas en tres tomos. Editorial Progreso, Moscú, 1973. T 3, p. 514.

16. Ibidem, T 3, p. 510.

17. Íbidem.

18. Íbidem, T 1, p. 35

19. Íbidem, T 3, p. 512.

20. Íbidem, T 3, p. 515.

21. Íbidem, T 3, p. 515-516.

22. Versión del artículo que publicó en *Granma*, el 7 de nov.,1992 p.4.

23. Trabajo escrito en el verano de 1995; una versión del mismo fue publicada en *Granma* 4 ag., 1995, y también se convirtió en el texto de una conferencia que pronunció en el evento internacional sobre el centenario de la muerte de Federico Engels, auspiciado por el Instituto de Filosofía y la Sociedad Cubana de Estudios Filosóficos, Sep. 19, de 1995.

24. No me refiero a las afirmaciones científicas concretas adecuadas al nivel de información de la ciencia de entonces (N del A).

25. C. Marx y F. Engels. Ob. Cit., T 3, p. 534.

26. Íbidem, T 3, p. 350.

27. Íbidem, T 1 p. 7.

28. Íbidem, T 1, p. 11

29. Publicado en *Granma Internacional*, de 21 de ag., 1996.

30. Fragmentos del trabajo publicado en la revista *Cuba Socialista*, número 3 de 1996, de la p.2 a la 14, el cual se convirtió en el texto de la conferencia titulado *Crisis del socialismo y la espiritualidad*, que pronunció en Bello Horizonte, Brasil, en junio de 1997.

31. C. Marx y F. Engels. Ob. Cit., T 3, p. 508.

32. Íbidem, T 3, p. 524.

33. Versión del texto publicado en *Granma*, el 19 jul., de 1997, p.4.

34. Versión de las palabras que pronunció en la Conferencia internacional *La Emancipación social a 150 años del Manifiesto Comunista*, auspiciado por el Instituto de Filosofía, el 19 de febrero de 1998; publicada con el titulo *Una leitura do Manifesto 150 anos depois*, en *150 anos Manifesto Comunista*. Brasil: Xana Editora, 1998. p. 113-119.

35. C. Marx y F. Engels. Ob. Cit., T 1, p. 111.

36. Íbidem.

37. Versión del trabajo publicado en la revista *Contracorriente*, número 10, de la p.153 a la 168, en el año 1997, y con posterioridad en el periódico *Juventud Rebelde*, el 24 de mayo de 1998.

38. Esta versión se ha tomado de los siguientes trabajos del autor: *Desde la Revolución cubana: dimensión ética de Carlos Marx*; artículo publicado en MARX AHORA, La Habana, número 8 de 1999, del T 2 p. 8-17, y en la página web de la cultura cubana, el 7 de noviembre del 2000; *El ideal socialista en la frontera intermilenios*, conferencia pronunciada en el teatro Olimpo de la ciudad de Mérida, estado de Yucatán, febrero del 2000.

39. C. Marx., F. Engels. Ob. Cit., T 3, p. 516.

40. Versión del artículo publicado en los siguientes órganos de prensa: *Ultimas Noticias*, Venezuela, 7 de mayo 1990, p.59; *La Hora*, Quito, 10 de mayo, 1990, p.15; *Brecha*, Uruguay, 18 de mayo, 1990, p.20; con el título *No se puede ser patriota cubano sin ser antiimperialista*, en *El Nuevo Diario*, Nicaragua, 7 de mayo, 1990; *Tener un solo partido en Cuba no fue por imitar al extranjero*, *Excelsior*, México, 19 mayo, 1990, p.1; otra versión del mismo se publicó con el titulo *Para que en Cuba hubiera otros partidos tendríamos que inventarlos*, *La Jornada*, México abril 20 de 1990.

41. Versión de la entrevista realizada por el periodista mexicano Carlos Fazio, publicada en la revista *Proceso*, de México, y el boletín *Semana Latinoamericana*, de la Agencia Latinoamericana de Servicios Especiales de Información (ALASEI), de julio de 1990; en *El Correo*, de Montreal, en agosto de 1990.

42. Versión del artículo publicado en el periódico mexicano, *El Día Latinoamericano* y en el *Nuevo Sur*, de Buenos Aires, Argentina, el 31 de agosto de 1990.

43. Artículo escrito en julio de 1993, publicado por vez primera en esta compilación.

44. Fragmentos del artículo titulado *La burguesía que no existió*, publicado en *Bohemia*, número 8 de septiembre de 1994, p.4 a la 7, y en su *Poner en orden las ideas*. Endymion, Madrid, 1995. p. 25-34.

45. Versión de las palabras que pronunció en el I Taller de Pensamiento Cubano, celebrado en la Universidad Central de Las Villas, el 9 de noviembre de 1994.

46. Publicado en *Granma*, el 8 mar. de 1996, p.6, incluye una versión del texto *Aprendamos la amarga lección del derrumbe del socialismo real*, escrito en 1996.

47. Versión de la entrevista realizada por Milena Recio y que fue publicada en la revista *Habanera*, en el número 3 de octubre de 1996, p.25-29.

48. Versión del texto publicado en *Granma*, el 26 de ag. de 1997.

49. Versión del artículo que publicó en *Trabajadores*, el 3 de nov. de 1997, en la p.11, 1997.

50. Versión de las palabras que pronunció en el evento de las cátedras martianas en la Escuela Superior del Partido Ñico López, el 20 de enero del 2000.

51. Vitier, Medardo, *Las ideas y la filosofía en Cuba*, Editorial de Ciencias Sociales, 1970, p. 214.

52. Versión de la conferencia que pronunció en la Segunda Reunión Internacional *La obra de Carlos Marx y los desafíos del siglo XXI*. Auspiciada por el Instituto de Filosofía de Cuba, Palacio de las Convenciones, mayo 4 del 2004.

53. Versión del artículo que escribió especialmente para el suplemento cultural de *Últimas Noticias*, Venezuela, publicado con el titulo *Un centenario no basta*, 5 jun., 1994, p. 8 y 9.

54. Versión del trabajo *Martí y Marx. Raíces de la revolución socialista de Cuba*, publicado en el folleto *Martí y Marx en el socialismo de Cuba*, en enero del 2002.

55. Martí, J. Obras Completas. Editorial Ciencias Sociales, 1991. T 9, p. 388-389.

56. Martí, J. Obra citada T 3, p. 168.

57. C. Marx y F. Engels. Obra citada. T 3, p. 509.

58. Marx, Carlos en K. *Marx: Obras Escogidas*, Oxford University Press, 1977, p. 38.

59. Gramsci, A. *El príncipe moderno y otros escritos*, International Publishers, N. Y. 1957, p. 20.

60. C. Marx y F. Engels. Obra citada. T. I, p. 7.

61. Luz y Caballero, J: *Cuestión de Método si el estudio de la Física debe o no proceder al de la Lógica. La Polémica Filosófica*, Biblioteca de Clásicos Cubanos, 2000. Vol. I, p. 87.

62. Castro, Fidel, *Discurso pronunciado en la Universidad Estadual de Río de Janeiro*, Brasil el 30 de Junio de 1999.

63. Martí, J., Obra citada. T. 10, p. 84.

64. Íbidem, T 11, p. 437

65. Íbidem, T 10, p. 413.

66. Íbidem, T 13, p. 290.

67. Íbidem, T 9, p. 388.

68. Íbidem, T 1, p. 279.

69. Mella, J.A. *Siete enfoques marxistas sobre José Martí*. Editora Política, 1978. p.13.

70. C. Marx y F. Engels. Obra citada. T.3, p. 508.

71. Íbidem, T. 3, p. 427-428.

72. Íbidem, T.3, p. 533-534.

73. Escrito en el agosto del 2004.

74. Gargarella, Roberto. *Los votos: esas piedras de papel*. El Clarín, Argentina, Sección Opinión, 1 de abril del 2002.

75. Martí, J. Obra citada. T. 14, p. 60.

76. Íbidem, T.6, p. 17

CHÁVEZ
Un hombre que anda por ahí
Una entrevista con Hugo Chávez
Por Aleida Guevara

Este libro enfoca el Proceso Bolivariano, donde se habla del pueblo y
sus dirigentes, de forma tal que se escucha la voz de los que
construyen una Venezuela diferente y contrarresta las mentiras
y tergiversaciones que se dicen sobre este proceso.

145 páginas, ISBN 1-920888-22-5

CHE GUEVARA PRESENTE
Una antología mínima
Por Ernesto Che Guevara
Editado por María del Carmen Ariet García y David Deutschmann

Una antología de escritos y discursos que recorre la vida y obra de una
de las más importantes personalidades contemporáneas:
Ernesto Che Guevara. *Che Guevara Presente* nos muestra al Che
por el Che, recoge trabajos cumbres de su pensamiento y obra,
y permite al lector acercarse a un Che culto e incisivo, irónico
y apasionado, terrenal y teórico revolucionario, es decir, vivo.

460 páginas, ISBN 1-876175-93-1

oceanpress

e-mail info@oceanbooks.com.au
www.oceanbooks.com.au